August Kunas

Ein Jahr im Seniorenkreis

Erprobte Entwürfe
für das ganze Kirchenjahr

W0033744

R. BROCKHAUS VERLAG WUPPERTAL

ABC-team Bücher erscheinen in folgenden Verlagen:

Aussaat Verlag Neukirchen-Vluyn
R. Brockhaus Verlag Wuppertal
Brunnen Verlag Gießen und Basel
Christliches Verlagshaus Stuttgart
Oncken Verlag Wuppertal und Kassel

2. Auflage 2000

© 1998 R. Brockhaus Verlag Wuppertal
Umschlag: Dietmar Reichert, Dormagen
Gesamtherstellung: Breklumer Druckerei Manfred Siegel KG
ISBN 3-417-11145-5
Bestell-Nr. 111 145

INHALT

Wie ich zur Seniorenarbeit kam – anstelle eines Vorworts

Seniorenarbeit lag mir fern. Überraschend kam ich damit in Berührung. Und zwar so: Eine ehrenamtliche Mitarbeiterin eines Seniorenkreises unserer Gemeinde ging in den Ruhestand. Sie hatte gute Arbeit getan und den Seniorenkreis zusammengehalten. Nun war sie bereit, die bisherige Arbeit für ein bestimmtes monatliches Entgelt weiter zu übernehmen. Würde der Gemeindekirchenrat darauf eingehen und dieses Entgelt zahlen?

Der Gemeindekirchenrat war nicht bereit. Nicht, weil er geizig war. Er konnte es nicht, wollte er das Gleichheitsprinzip unter den Ehrenamtlichen nicht verletzen. Wie viele andere arbeiteten noch ehrenamtlich in der Seniorenarbeit der Gemeinde! Wie viele in der Jugendarbeit und in anderen Bereichen. Sie hätten alle ein Entgelt erwarten können. Das wäre über die Kraft der Gemeindekasse gegangen.

Die Lösung sollte sein: Integration des verwaisten Seniorenkreises in einen anderen größeren Kreis, den ein Diakon leitete. Angesichts der immer dünner werdenden Personaldecke ein durchaus verständlicher Wunsch. Er hatte auch meine Zustimmung. Ich wurde beauftragt, in den verwaisten Kreis zu gehen, dort den gut gemeinten Vorschlag der Gemeindeleitung zu erläutern und um Zustimmung zu bitten.

Begleitet von einigen Ältesten der Gemeinde machte ich mich auf den Weg und fragte, nachdem ich das Problem erläutert hatte: »Wären Sie bereit . . .?« Schweigen. – Die anwesenden Senioren waren nicht bereit, ihren Kreis aufzulösen. Er hatte ihnen viele Jahre ein Zuhause gegeben. Was nun? In meiner Not bot ich an, vier Wochen bis zu einer Lösung zu überbrücken. Es sind gut siebzehn Jahre daraus geworden.

Diese Entwicklung habe ich nicht bereut. Ich habe Erfahrungen mit älteren Menschen machen dürfen, die ich ohne die Gemeinschaft mit ihnen nie gemacht hätte. Und ich habe den älteren Menschen in seiner Besonderheit entdeckt. Ich wage, von einem Geschenk zu sprechen, wenn ich an diese siebzehn Jahre gemeinsamen Weges denke.

Darüber hinaus ist mir mehr und mehr deutlich geworden: Ob wir uns im Dienst Kindern oder Jugendlichen, ob wir uns Erwachsenen oder Senioren zuwenden – wir wenden uns über den speziellen Dienst an der jeweiligen Altersgruppe in vielen Fällen auch der Familie zu. Denn in der Zuwendung zu Kindern haben wir es nicht nur mit Kindern und in der Zuwendung zu älteren Menschen nicht nur mit älteren Menschen zu tun.

So mache ich aufgrund meiner Erfahrungen Mut, sich in den Dienst an älteren Menschen zu stellen. Zu stellen mit überzeugendem Einsatz für sie. Sie werden diesen Einsatz danken mit der ihnen eigenen Treue, die sich darin ausdrückt, dass sie mit großer Beständigkeit an dem teilnehmen, was wir ihnen bieten.

Die folgenden Ausführungen wollen denen helfen, die schon in der Seniorenarbeit tätig sind, sie wollen aber auch dazu beitragen, dass der eine oder andere dort Mitarbeiter wird und diese ihn bereichernde Aufgabe wahrnimmt.

Berlin, im Sommer 1998   August Kunas

Zur Benutzung des Buches

Dieses Buch bietet Ideen, Vorschläge und Materialhinweise zur Programmgestaltung in der Seniorenarbeit durch das ganze Kirchenjahr.

Wer es benutzen möchte, sollte es zunächst einmal ganz durchsehen. Er kennt dann den Bestand und weiß um die notwendigen Materialien, wann Referenten, Ausflugsziele, Busse, Restaurants und dergleichen mehr besorgt und organisiert werden müssen. Er kann das alles rechtzeitig planen und so manchen Stress vermeiden.

Mitarbeitern, die für ihre Seniorengruppe keine langfristigen Programme entwerfen, empfehle ich, wenigstens 6–8 Wochen vor Durchführung eines Seniorentreffs in einen bestimmten Programmvorschlag hineinzuschauen. Auf keinen Fall eine Woche vor dem Seniorentreff. Die dann noch bleibende Zeit für eine solide Vorbereitung wäre zu kurz.

Wer sich an eine Thematik macht, wird in manchem der folgenden Angebote vielleicht zu viel Stoff für eine Stunde entdecken. Das könnte ihn verunsichern. Dann übernehme er nur das, was er in dem ihm zur Verfügung stehenden Rahmen bewältigen zu können meint.

Vielleicht wird die Beschäftigung mit manchem Programmvorschlag aber auch zu einer ganz anderen Idee führen. Auch das wäre Ergebnis einer rechtzeitigen Beschäftigung mit hier Gebotenem.

Die empfohlene Literatur ist für die Durchführung eines Programms nicht bindend. Wer etwas Adäquates, ihm Bekanntes, eventuell noch Besseres zur verhandelten Sache hat, der greife darauf zurück. Das Gebotene ist offen. Es will helfen.

Im Sinne dieser Offenheit viel Freude beim Lesen und bei der Umsetzung des Gelesenen.

Zur Seniorenarbeit im Allgemeinen

Dieses Buch will einen praktischen Beitrag zur Seniorenarbeit leisten, indem es denen, die leitend oder helfend in der Seniorenarbeit beteiligt sind, vor allem bei der Programmfindung und -gestaltung zur Seite steht. Es bietet deshalb keine Theorie zur Seniorenarbeit. Wenn dennoch einige theoretischen Überlegungen angestellt werden, dann um anzuzeigen, wie der Autor Seniorenarbeit nach langjähriger Praxis in einer Kirchengemeinde in Berlin versteht.

Ich meine im Übrigen guten Gewissens auf eine Theorie zur Seniorenarbeit verzichten zu können, weil es viele Arbeiten dazu schon gibt. Ich nenne zum Beispiel »Das Alter«, herausgegeben von Helge Reimann und Horst Reimann, »Alter, Altern, Altenpastoral« und das »Handbuch kirchlicher Altenarbeit«. Ich verweise auch auf weitere Literaturhinweise bei Eckehard Kunz und Wolfgang Lehning in ihrem Buch »Seniorenarbeit alternativ«[1].

In allen Arbeiten sind Antworten auf die Fragen zu finden, weshalb der alternde Mensch in den letzten Jahrzehnten besonders ins Bewusstsein getreten ist und weshalb Alten- oder Seniorenarbeit notwendig wurde. Es werden Antworten gegeben auf die Fragen, ab wann denn die Einstufung als Senior oder Seniorin anzusetzen ist, was die Unterschiede der älteren Menschen in den einzelnen Gesellschaften sind, welche Möglichkeiten der Alten- oder Seniorenarbeit es gibt, um nur einige Themen im Bereich Seniorenarbeit anzudeuten.

Was die Möglichkeiten der Seniorenarbeit angeht, so tut sich bei näherem Hinsehen ein weites Feld auf. *Die* Alten- oder Seniorenarbeit gibt es nicht. Das hängt zum einen mit *der institutionellen Vielfalt* zusammen, von der Seniorenarbeit ausgeht. Es gibt kein Monopol der einen oder anderen Institution. Vielmehr gilt: Wer immer mit Menschen zu tun hat, bietet in irgendeiner Weise auch Seniorenarbeit, wenn die Kraft dazu reicht. Deshalb finden wir »sogar«

Seniorenarbeit in Sportvereinen und Betrieben. »Sogar« deshalb, weil hier doch gerade Leistung groß geschrieben wird und groß geschrieben werden muss, und doch gibt es trotz dieses Kriteriums sinnvolle Angebote für Senioren.

Ganz anders sind die Angebote (wahrscheinlich aber auch an mancher Stelle ähnlich, wenn man etwa an die sich bei jeder Einrichtung gebotene Möglichkeit der Kommunikation denkt) bei den Kommunen, den freien Wohlfahrtsverbänden, den Parteien und christlichen Institutionen bis hin zu Kirchengemeinden.

Die Vielfalt der Seniorenarbeit ergibt sich zum anderen aber auch aus den *Bedürfnissen* der älteren Menschen. Diese Bedürfnisse werden gesteuert von geistigen, körperlichen, kulturellen und anderen Faktoren. Die gesamte Verfassung des älter werdenden oder gewordenen Menschen führt zu Angeboten, wie er oder sie die letzte Zeit des Lebens verbringen möchte und auch verbringen kann. Die gesamte Verfassung des älteren Menschen bedingt, ob er mehr konsumtiv, kommunikativ, lernbegierig, aktiv bis hin zur Beteiligung an parteipolitischen, gewerkschaftlichen, karitativen oder kirchlichen Aktivitäten sein wird, oder ob er apathisch inaktiv, manchmal nur noch mit sich selbst beschäftigt, die letzten Jahre seines Lebens fristen wird. Wer noch über eine gute Gesamtverfassung verfügt, kann aus Gründen der Sinnerfahrung oder auch einfach, weil es ihm Freude macht, seinen wichtigen Beitrag zum Lebensprozess liefern. Etwa, wenn er sich – wie die Grauen Panther – gesellschaftspolitisch bis hin zum Einsatz im Bundestag oder auf kommunaler Ebene einbringt. Oder wenn er in einem Sportclub die Kassenführung oder die Führung einer Wandergruppe übernimmt, wenn er sich musikalisch betätigt und in einem Chor oder Orchester mitwirkt oder gar ein Orchester leitet. Oder wenn jemand im kirchlichen Raum eine Bibelgruppe, einen Hauskreis für seine Altersgruppe oder einen Besuchsdienst übernimmt. Von seiner gesamten Verfassung hängt es ab, ob er das kann oder nicht.

Innerhalb dieser Vielfalt an Möglichkeiten in der Seniorenarbeit liegt nun auch die Seniorenarbeit der *christlichen Gemeinde*. Ich schreibe ausdrücklich und bewusst »der christlichen Gemeinde«, obwohl die von mir gemachten Erfahrungen in der Seniorenarbeit einer evangelischen Kirchengemeinde gemacht worden sind. Gemeinde Christi ist mehr als Kirche, mehr als Freikirche, mehr als Gemeinschaft. Christliches Handeln umfasst die Summe in allen Einrichtungen. Nur wenn »Kirche« in diesem Sinne und nicht im Sinne einer Institution verstanden würde, könnte man auch vom »kirchlichen« Handeln sprechen oder schreiben. Da jedoch weithin »kirchlich« im Sinne von zugehörig zur Institition Kirche verstanden wird, sprechen wir unmissverständlicher vom »christlichen« Handeln.

Die Arbeit mit älteren Menschen in der christlichen Gemeinde wird in den meisten Fällen *die Gruppe* der älteren Menschen umfassen. Für ein Seniorenwohnheim, ein Alten- oder Pflegeheim wird die finanzielle Kraft einer Gemeinde zu klein sein. Das alles bis hin zu einer pflegerischen Betreuung älterer Menschen durch eine Diakonie- oder Sozialstation ist in den meistens Fällen nur im Zusammenschluss von mehreren Gemeinden, manchmal eines ganzen Kirchenkreises oder eines freikirchlichen Verbandes oder gemeinschaftlichen Werkes möglich. Die Arbeit der christlichen Gemeinde vor Ort vollzieht sich vor allem als Senioren*gruppenarbeit*.

Die Seniorengruppe umfasst die älteren Menschen, die bereit sind, sich für eine bestimmte Zeit, an einem bestimmten Tag und einem bestimmten Ort in der Gemeinde zu versammeln. Damit ist eine Begrenzung eingeschlossen. Wo in einer Gemeinde Senioren zu einer Gruppe gehören, da handelt es sich um solche Senioren, die noch fähig sind, an einem Gruppenleben teilzunehmen. In dem Augenblick, in dem durch irgendwelche Umstände ein Besuch der Seniorengruppe verhindert wird, ist der Dienst der christlichen Gemeinde vor Ort in der der Seniorenarbeit eigenen, nämlich durch die Beteiligung der Senioren selbst gewährleisteten kontinuierlichen Begleitung beendet. Der Dienst der Gemeinde als Seniorenarbeit in der Gruppe ist also ein Dienst nur für einen bestimmten Lebensabschnitt.

In den meisten Fällen wird die Begrenzung weniger von einem bestimmten Alter, vielmehr von der gesamten Verfassung der Menschen diktiert. Ich habe während der siebzehn Jahre meines Einsatzes in einer Seniorengruppe meiner Gemeinde viele Senioren kennen gelernt, die weit über achtzig Jahre, manche sogar über neunzig, in einigen Fällen sogar hundert Jahre alt waren. Sie waren geistig und körperlich noch so fit, dass sie am Gruppenleben teilnehmen konnten. Sie konnten den Weg von der Wohnung ins Gemeindehaus allein bewältigen. Sie konnten sich während der Gruppenkommunikation einbringen. Folglich konnten sie den Kontakt zur Gruppe selbst aufrechterhalten.

Wird dieser Kontakt durch besondere Umstände, in den meisten Fällen durch Krankheit, zunichte gemacht, dann bleibt, wenn die Kraft der Gruppe dazu reicht, nur noch der Besuch zu Hause, im Krankenhaus oder im Heim. Wo auf diese Weise die Verbindung zum Seniorenkreis noch gehalten werden kann, ist für den von Krankheit heimgesuchten Menschen viel gewonnen. Ihm wird ein Stück »Familie«, damit ein Stück Geborgenheit und mehr bewahrt. Doch machen wir uns nichts vor: Diese Kontaktpflege gelingt nicht in allen Fällen. Oft allein schon deswegen nicht, weil der Betroffene weit vom einstigen Wohnort in einem Pflegeheim lebt.

Es ist gut, sich klarzumachen, dass wir nicht für alle Notwendigkeiten und zu allen Zeiten für unsere älteren Menschen zuständig sein können. Müssten wir das, müssten wir eine totale Begleitung gewährleisten, würden wir unter dieser Last zusammenbrechen. Gott sei Dank sind neben uns und nach uns noch andere Menschen und andere Einrichtungen im Dienst für ältere Menschen beteiligt. Diese Tatsache macht bescheiden im Blick auf das eigene Tun und befreit zugleich von dem schlechten Gewissen, dass wir den Anforderungen nicht genügen. Wir müssen nicht zusammenbrechen.

Wenden wir uns nun dem *Inhalt* der Seniorenarbeit in der christlichen Gemeinde zu. Was kann der Inhalt sein? Man könnte diesen zusammenfassend mit *diakonischem* oder auch nur mit *begleitendem* Dienst charakterisieren. Aber dann wäre immer noch nicht konkret gesagt, wie das aussieht, was dem älteren Menschen angeboten wird.

Ich denke, wir tun darum gut, uns auf Prinzipielles zu besinnen.

Und dann gilt ja wohl: Inhalt der christlichen Seniorenarbeit kann – recht verstanden – nur der älter werdende Mensch im Seniorenalter sein. Dieser Mensch mit seinen Bedürfnissen, derer er sich bewusst oder manchmal auch nicht bewusst ist.

Um welche Bedürfnisse geht es? Da ist die Suche nach *Werterfahrung.* Nachdem der ältere Mensch aus der beruflichen Tätigkeit ausgeschieden ist, ist er nicht mehr so gefragt wie einst, da es auf ihn ankam und er deshalb etwas leisten musste und für seine Leistung Lohn und damit Wertschätzung erfuhr. Dieser Verlust muss ausgeglichen werden.

Er braucht die Erfahrung von Anerkennung und den Zuspruch, dass der Wert des Menschen nicht allein und nicht in erster Linie von seiner Leistung herkommt, sondern aus der Tatsache, dass er von Gott geschaffen und von Gott geliebt ist. Schon bei diesem Bedürfnis wären wir im christlichen Dienst am älteren Menschen an einem ganz entscheidenden Punkt der Bibel und des Glaubens.

Doch die Wertsuche und Werterfahrung sind nicht das einzige Bedürfnis. Ich nenne daneben die Suche nach guter *Gemeinschaft.* Unsere älteren Menschen kommen zu einem großen Teil nach dem Verlust der Ehe- oder Lebensgefährten zu uns. Wenn sie noch Kinder und Enkel als ihnen nahe stehende Bezugspersonen haben, werden ihnen diese Menschen, die ja zu ihrer Identität gehören, den Verlust erträglicher machen. Haben sie diese Bezugspersonen nicht, suchen sie umso mehr nach ihresgleichen, um mit der Verlustsituation fertig zu werden. Ebenfalls nach guter Gemeinschaft suchen Menschen, die durch den Verlust von Menschen als Single leben müssen oder die schon immer ein Single-Dasein geführt haben, jetzt aber merken, dass sie allein nicht gut leben können. Die Seniorengruppe kann da so etwas wie Familie und also Hilfe sein. Hier können Umgang mit Trauer und hilfreiche Erfahrungen im Leben als Single ausgetauscht werden.

Hinzu kommt natürlich das elementare Bedürfnis der *Kommunikation.* Der Mensch ist auf Gemeinschaft hin angelegt. Nicht umsonst hat er Sprechwerkzeuge und Sprache. Er braucht Kommunikation. Er braucht auch *Kultur.* Er braucht *Informationen.* Er hat auch das Bedürfnis *Neues zu entdecken,* denn er ist ein ständig Lernender, wenn die Fähigkeit dazu nicht erloschen ist. Und er lernt aus jeder Begegnung mit Menschen, ja sogar mit der toten Materie. Bekannt ist der heiße Ofen, den das Kind berührt, was dazu führt, dass es das nicht wieder tut.

Von daher verstehe ich es nicht, weshalb Eckehard Kunze und Wolfgang Lehnig sich so sehr von einer betreuenden Seniorenarbeit abgrenzen, obwohl auch sie einem so genannten »*Betreuungskonzept*« durchaus eine Berechtigung zugestehen. Sagen sie doch zunächst: »Mit der Durchführung solcher Unterhaltungsprogramme für Senioren sind – das wollen wir nicht bestreiten – auch positive Motive verbunden. Man kann auf den bildenden Wert hinweisen, der darin gegeben ist, dass viele ältere Menschen an kulturellen Veranstaltungen teilnehmen, für die sie in ihrem Leben bisher keine Zeit oder keinen Mut hatten. Das kann das Selbstwertgefühl und das Selbstbewusstsein steigern. Diese Angebote sind insgesamt von der Absicht geleitet, die deprimierenden Eindrücke, welche die Vorstellung vom › Altsein ‹ gerade auch bei alten Menschen hervorruft, abzubauen. Nicht zuletzt deshalb versucht man, das Wort › Alte ‹ durch die Bezeichnung › Senioren ‹ zu ersetzen. Solche Formen von Altenarbeit können auch geeignet sein, bei entsprechenden Anregungen Aktivitäten freizusetzen und zur Pflege oder der Aufnahme eines › Hobbys ‹ anzuleiten.«[2]

Dann aber kommt ihr Aber! »Das Betreuungskonzept bestehender Altenarbeit ist aber – unserer Meinung nach – insgesamt nicht imstande, auf die Probleme älterer Menschen in richtiger Weise einzugehen und den Senioren langfristige und weiterführende Hilfen zu bieten. Diese Kritik lässt sich in folgenden Einwänden zusammenfassen: Die Angebote der Seniorenprogramme orientieren sich zu sehr an den Konsumgewohnheiten der Teilnehmer; sie stehen daher in der Gefahr, die persönlichen Schwierigkeiten, die viele Senioren aufgrund ihrer sozialen Situation haben, zu überspielen und sie eher abzudrängen, als zum Thema zu machen. Die Tendenz, über das Altsein am besten gar nicht zu sprechen, wird damit nur verstärkt. Seine persönliche Lebenssituation kann aber nur der bewältigen, der sich darüber mit anderen ausspricht, seine Erfahrungen und Ängste benennt und dabei Möglichkeiten entdeckt, um damit fertig zu werden. Im Unterhaltungsrepertoire eines Seniorenclubs ist dazu kein Platz.«

Sie gehen in ihren weiteren Ausführungen zum Problem dann auf die Praxis in Berliner Seniorentagesstätten, Altenclubs und Seniorenzentren ein und stellen fest, dass die Senioren sich von der hier praktizierten »›Berieselung‹ abgestoßen und nicht angenommen fühlen«[3]. Vor allem halte dieses Betreuungskonzept die aktiven und initiativreichen Senioren fern, fordere die brachliegenden Fähigkeiten nicht heraus, erschwere ein mündiges Verhalten und verhindere die Übernahme von mehr Verantwortung füreinander und damit schließlich die Gewinnung eines neuen Selbstwertgefühls und den Aufbau neuer Rollen.

Ist hier das so genannte »Betreuungskonzept« wirklich objektiv gesehen? Ist es nicht zu negativ beurteilt? Ich kann mir nicht ganz vorstellen, dass überhaupt keine Zeit mehr vorhanden ist, um seniorenspezifische Anliegen zur Sprache zu bringen. Jedenfalls geschieht das in der Seniorenarbeit der christlichen Gemeinde, die vor allem natürlich auch ein Betreuungskonzept hat, durchaus.

Eckehard Kunze und Wolfgang Lehnig stellen dem falschen Eingehen auf die Probleme durch ein Betreuungskonzept das Eingehen in richtiger Weise gegenüber. Das aber läuft insgesamt auf Lernen und Übernahme von Verantwortung hinaus.[4] Aber genau das kann, wie schon angedeutet, auch beim Betreuungskonzept erreicht werden. Und was das Lernen und die Übernahme von Verantwortung angeht, so wird beides nur da möglich sein, wo Menschen noch so viel Kraft mitbringen, dass sie Lernen und Verantwortung noch auf sich nehmen können, wie Kunze und Lehnig es auch selbst richtig sehen.[5]

Nur wenn noch Kraft vorhanden ist, und damit sind wir wieder bei der Verfassung des älteren Menschen, kann er Seminare durchstehen und auch Aufgaben übernehmen.

Man täusche sich nicht! Die inhaltliche Abstimmung der Seniorenarbeit auf Lernen und Übernahme von Verantwortung ist noch mehr eine verengende Selektion auf einen bestimmten Personenkreis, als das bei dem kritisierten Betreuungsmodell geschieht. Die Zahl derer, die dabei erreicht werden, ist sehr klein, weil dieser Seniorentyp sich in den meisten Fällen noch für sich allein bewegt, da er noch Aufgaben aus eigener Initiative erledigt.

Sowohl die Einstellung auf einen noch sehr vitalen Seniorentyp als auch auf die kleine Zahl kann für die Arbeit in einer Gemeinde aber kein Vorbild sein. Es wird dabei nämlich gerade der helfende Dienst für die Hilfsbedürftigen vernachlässigt, ja unmöglich gemacht. Seniorenarbeit in der Gemeinde muss darum umfassender gesehen werden; so umfassend, dass ältere Menschen sich in Gänze aufgehoben wissen und dass ihnen eine möglichst umfassende Betreuung zuteil wird – eine, bei der auch das Evangelium nicht verschwiegen wird. Sind doch die Senioren gerade aufgrund ihres Alters der Wahrheit, dass wir hier »keine bleibende Stadt« haben, sondern »die zukünftige« suchen, besonders nahe.

Sie fragen nach dem letzten Sinngebenden, weil das nahe Ende ihr Leben in Frage stellt. Sie fragen nach dem guten Gewissen angesichts manchen Versagens in langen Lebensjahrzehnten. Sie sehnen sich – unausgesprochen oder ausgesprochen – nach dem Zuhause, das in diesem Leben nicht zu finden ist, obwohl man es so oder so, hier oder da gesucht hat. Sie fragen nach Gerechtigkeit angesichts erfahrener Ungerechtigkeiten. Und sie fragen schließlich angesichts so vieler Ungereimtheiten dieses Lebens auch nach äußerem und innerem Frieden.

Dienst der Gemeinde Christi ist Dienst im umfassendsten Sinne. Er muss darum auch auf diese den alten Menschen bedrängenden Fragen eingehen. Würde er das nicht tun, würde er diesen beunruhigten und darum fragenden Menschen ausblenden, ihn ganz einfach verleugnen.

Darum muss der diakonische Dienst der christlichen Gemeinde auch das *Wort von der Liebe Gottes*, die in Christus sichtbar geworden ist, sagen; das Wort von jener Liebe, die zu seinem Menschen hält und ihn darum nicht fallen lässt, selbst wenn er aufgrund von nachlassendem Gedächtnis oder anderer Erkrankung von all dem nichts mehr wissen sollte. Gottes Liebe ist uns nicht gewiss durch unser Festhalten. Umgekehrt ist es: Sie hält uns fest über unseren letzten Atemzug hinaus. Darum ist sie uns gewiss.

Diakonischer Dienst, der das nicht dem Menschen noch zur Zeit seiner Wachheit zuspricht, verleugnet das Ureigenste der christlichen Diakonie. Diese besteht ja nicht nur in der notwendigen Begleitung des Menschen – für uns: des älteren Menschen – zur Bewältigung der alltäglichen Lebensabläufe. Eine solche Begleitung kann auch von anderen Menschen, auch von Atheisten, geleistet werden. Und ich behaupte nicht, dass diese Hilfe schlechter als die christliche ist. Nicht das praktische Tun unterscheidet uns von anderen, sondern das Motiv unseres Tuns. Das und auch das im soeben angedeuteten Sinne *umfassendere* Tun. Beides ist in Gottes Liebe begründet, die auch dem älteren Menschen nicht vorenthalten werden darf.

So wird Seniorenarbeit in diesem Sinne ein gemeinsames Leben auf der Basis des christlichen Glaubens sein. An einem bestimmten Ort, zu einer bestimmten Zeit, für eine bestimmte Dauer, mit allen Höhen und Tiefen, mit allen Erfolgen und Misserfolgen.

Und damit es bei diesem gemeinsamen Leben nun möglichst wenig Tiefen gibt, auch nicht gerade langweilig zugeht, sondern interessant und anziehend, darum geht es nicht ohne *Leitung* und auch nicht ohne *Programm*. Seniorenarbeit muss Freude machen. So viel, dass Senioren gerne kommen und ohne Bedenken einen Neuling mitbringen können, weil sie von ihrer Gemeinschaft überzeugt sind.

Scheuen wir uns nicht, in diesem Sinne zu arbeiten! Ich habe Meinungen über Gruppen gehört, in denen man die Senioren sich mehr oder weniger selbst überließ, so dass bei den Treffen lief, was sich so ergab. Es überzeugte nicht, was nicht heißen soll, dass nicht auch diese Treffen nützlich für die Teilnehmer sind, sonst würden sie ja nicht kommen.

Alte Menschen sind bescheiden. Gerade deshalb sollten sie uns aber so viel wert sein, dass wir sie nicht bei ihren Treffen allein lassen.

Und noch eines sollte man sehen, und darum sei an dieser Stelle auch darauf hingewiesen: Wer sich in überzeugender Weise um den Menschen müht, der findet auch Zugang zu den Kindern bis hin zu den Enkeln der Senioren. Darum ist, recht verstanden, Seniorenarbeit der christlichen Gemeinde nicht nur ein diakonischer Dienst. Sie ist auch zugleich ein *missionarischer* Dienst oder anders gesagt: Der diakonische Dienst der christlichen Gemeinde wird nochmals umfassender gesehen, wenn er auch die Möglichkeit des missionarischen Dienstes an den Angehörigen der Senioren mit einschließt, wobei es bei diesem Anliegen keinen Krampf und keine Peinlichkeit geben darf. Beides würde ich da sehen, wo die Seniorenarbeit nur als Zweck, als »Sprungbrett« in die Familien der Senioren benützt würde. Nein, Seniorenarbeit hat in erster Linie und mit ganzem Herzen für den älteren Menschen zu geschehen. Und nur wo das überzeugend gelebt wird, werden sich auch die Türen zur übrigen Familie öffnen.

Wer solch einen Dienst an älteren Menschen versuchen möchte oder schon versucht hat, dem möchte ich Anregungen für die regelmäßigen Zusammenkünfte geben.

Zum Programm

Bevor ich zu den ganz konkreten Vorschlägen für das wöchentliche Treffen komme, noch ein paar Bemerkungen zum Thema »Programm«.

Programme dürfen auf keinen Fall überbewertet werden. Sie allein machen noch kein Leben. Ich habe das beim Zusammensein mit meinen Senioren immer wieder betont. Leben gibt eine gute Gemeinschaft. Eine gute Gemeinschaft ist sogar fähig, ein schlechtes Programm zu verkraften oder auch eine programmlose Zeit, wenn diese nicht zu lange dauert. Darum ist die Gemeinschaft das Entscheidende in der Seniorenarbeit. Soll sie in Ordnung sein, muss sie von einer Mitte getragen werden, die gemeinsames Gut ist.

Für uns war das zum einen unsere Kommunikation. Ich nannte das Gespräch zwischen den Senioren im ersten Teil unseres wöchentlichen Beisammenseins »Musik«, die man am besten nicht stört oder gar unterbricht, weil sonst ein wunderbarer Prozess der Begegnung und Mitteilung unterbrochen wird. Diese wunderbare Geräuschkulisse zeugte von Wohlgefühl, Kontakt und Gemeinschaft. Ich habe sie immer ungern beendet. Sie dauerte meist eine Dreiviertelstunde, für manchen auch mehr, wenn er sich schon lange vor Beginn zum »Feierabend«, so der Name unseres Seniorentreffs, einfand. Natürlich musste das Gespräch irgendwann beendet werden, spätestens dann, wenn es zur »Börse« überging, also zu dem Teil, in dem Grüße, Berichte, Informationen, Fragen und Antworten oder dergleichen ausgetauscht wurden.

Kennzeichen einer guten Gemeinschaft ist natürlich nicht nur das Gespräch. Auch das Lachen gehört dazu. Ältere Menschen bedürfen des Lachens besonders. Und sie lachen gerne, wenn es etwas (Echtes) zu lachen gibt. Wir haben viel gelacht. Wäre Friedrich Nietzsche zu uns gekommen, der ja bekanntlich den Gedanken geäußert hat, die Christen müssten ihm erlöster erscheinen – bei uns hätte er etwas vom Lachen der Erlösten erfahren können.

Kennzeichen guter Gemeinschaft ist freilich auch, wenn man gemeinsam still sein und auf das Wort des Glaubens aus der Bibel oder aus lebendigem Munde hören kann, wobei nicht gemeint ist, dass man bei diesem Unternehmen immer schweigen muss. Es geht vielmehr um ein Stillesein zum Hören auf das, was von höherer Autorität zu uns kommen möchte. Bei einem solchen Hören kann und soll man sich sogar einschalten können, um so anzuzeigen, ob denn etwas empfangen worden ist. In unserer »Runde um die Bibel« konnte sich jeder, der wollte, mit seinem Beitrag einbringen.

Kennzeichen guter Gemeinschaft ist schließlich, dass man füreinander einsteht und sich auf diese oder jene Weise begleitet bis hin zum letzten Geleit, bei dem man die begleitende Gemeinschaft eventuell sogar mit einem sichtbaren oder hörbaren oder wie auch immer gearteten Zeichen unterstreichen kann. Gemeint ist damit nicht unbedingt ein Kranz oder Blumengebinde, wiewohl das auch sein kann. Bei uns war es das »Feierabendlied«, nämlich das von Eleonore von Reuß geschriebene »Ich bin durch die Welt gegangen«. Dieses Lied hatte ich in unserem »Feierabend« vorgefunden. Anscheinend war eine Diakonisse bei der Einführung dieses Liedes vor meiner Zeit beteiligt. Sie hatte eine gute Wahl getroffen, denn die Senioren sangen es immer mit großer innerer Beteiligung. Es drückte aus, was sie empfanden. Darum habe ich es bei diesem Lied als »Clublied« belassen, und wir haben es oft bei der Verabschiedung eines Mitgliedes aus unserem »Feierabend« gesungen. Es war immer ein bewegendes Erlebnis, wenn wir es in einer Friedhofskapelle oder in unserer Kirche sangen und damit ausdrückten: Das war jemand, der zu uns gehörte. Er hat dieses Lied mit uns gesungen. Wir werden ihn möglichst lange nicht vergessen.

Also noch einmal: Tragend ist nicht das Programm, sondern die gute Gemeinschaft, in die man gerne kommt, so gern, dass einem »etwas fehlt«, wenn man nicht am Seniorentreffen teilnehmen kann.

Aber zu einer guten Gemeinschaft gehört nun auch ein Programm. Ohne Programm gibt es weniger Abwechslung im Erleben, weniger Anregung zum Lernen, weniger Gelegenheit zur Freude usw.

Nach Berichten von Seniorentreffen ohne Programm »plätschert« es dort so vor sich hin. Irgendwer hat dann eine Geschichte oder ein paar Gedichte mitgebracht, irgendwer ergreift die Initiative und trägt etwas vor. Es ist ihm hoch anzurechnen, denn sonst wäre es ja noch trister. Jemand, der an solchen Treffen teilnahm, sagte zusammenfassend: »Da wird ein bisschen Kaffee getrunken, dann sagt oder liest einer was. Aber was da geboten wird, das können Sie vergessen.« Ich fand das nicht gerade sehr positiv und bewunderte die Gutwilligkeit derer, die sich dennoch einfanden. Ein gutes Programm ist auch ein Stückchen Belohnung für die Zusammenkommenden. Ihr treues Kommen wird damit honoriert.

Gibt es ein Seniorenprogramm, dann sollte es auf einem Blatt veröffentlicht werden, das nur für die Teilnehmer des Seniorentreffs da ist. Es sollte »ihr« Blatt sein. Und es wird »ihr« Blatt, wenn es regelmäßig verteilt wird, wenn es vielleicht auch noch mit einem Begleitwort versehen wird, ja, vielleicht auch ein Symbol trägt.

Dass ein Programm- oder Seniorenblatt möglichst einen längeren Zeitraum umfassen sollte, dass es wegen anderer Verpflichtungen der Senioren rechtzeitig verteilt werden muss, dürfte klar sein. Jeder plant ja gern, auch die Senioren tun das.

Nun aber konkreter zum Programm. Wie liefen – mit einigen Abweichungen, wenn es nötig wurde – unsere Zusammenkünfte generell ab?

Unsere Seniorentreffen fanden sowohl im Sommer als auch im Winter immer am Donnerstag von 14–16 Uhr statt. Tag und Zeit schienen uns günstig zu liegen. Beides war angenommen. So weit, dass nicht einmal eine Eintragung in einem Kalender nötig war. Am Donnerstagnachmittag fand ganz einfach der »Feierabend« statt. Etwas anderes stand nicht an.

Bevor die ersten Senioren erschienen, hatten einige Helfer schon den Kaffee gekocht, den Kuchen aufgeteilt, so dass er nur noch ausgeteilt werden musste, den Geburtstagsjubilaren einen Blumenstrauß auf den Tisch gestellt und dazu auch eine Geburtstagskerze angezündet.

Da jeder Teilnehmer am Teffen ein Namensschild auf dem Tisch hatte, mussten diese auch auf den Platz gestellt werden. Nicht zur Sicherung des Platzes, sondern zur Erfassung des Teilnehmers am Treffen. Die Namensschilder waren mit großen Buchstaben beschrieben, so dass man auch noch eine Tischreihe weiter einen Namen entziffern konnte. So war es leichter, Namen und Personen zusammenzubringen und sich zu merken.

Um 14 Uhr wurde das Treffen dann mit einer Tischglocke eingeläutet. Nach ein paar einführenden Bemerkungen wurden zwei oder drei Verse eines Liedes gesungen, dann ein Tischgebet gesprochen und im Chor ein fröhliches Kaffeetrinken und einen guten Appetit gewünscht. Das war immer ein mitreißendes Geschehen, wenn 40 oder mehr Senioren im Chor die Kaffeetafel eröffneten.

Und dann tranken wir Kaffee, mit und ohne Koffein. Und wir aßen – ja, was aßen wir? Oft das, was jemand als Geburtstagsrunde gab, was manchmal gar nicht billig war, wenn 50 oder 60 Personen erschienen waren. Ansonsten aber gab es das, was sich jeder mitgebracht hatte. Dazu einige erklärende Sätze.

Als ich den Seniorenkreis übernahm, fand ich in puncto Essen eine mir sonderbar erscheinende Praxis vor. Ich wollte es kaum glauben, dass man in unseren Tagen, in denen jeder aufs Äußerste bedient und also verwöhnt werden möchte, beim Essen noch so verfahren konnte. Es wurde nämlich nicht gedeckt, und es wurde auch kein Essen besorgt. Jeder brachte vielmehr Tasse, Untertasse und Frühstücksteller mit, und er brachte auch das mit, was er essen mochte. Nach einigen Treffen sah ich sehr schnell ein, dass diese Praxis eine wirkliche Hilfe war. Bis auf wenige Tassen und Teller sparten wir den Abwasch. Aber es war nicht nur eine gewaltige Arbeitseinsparung. Mehr galt noch, dass immer alle am nachfolgenden Programm teilnehmen konnten. Und niemand hatte Grund zum »Maulen« über zu süßen oder zu sauren, alten oder harten Kuchen. Was sich jeder mitgebracht hatte, das musste nun auch gut sein.

Kaffee gab es in Hülle und Fülle. Nie hatten wir Mangel. Es war ungeschriebenes »Gesetz«, dass die Geburtstagsjubilare wenn schon keine Kuchenlage, so doch ein Pfund Kaffee spendeten.

Nach dem Kaffeetrinken ging es dann zur »Börse« über. Hier gab es die oben schon genannten Informationen und Grüße und andere notwendige Regelungen. Daran schloss sich die Geburtstags-Gratulation an.

Zum Bedenken der Geburtstage wurde immer die Losung des Tages gelesen, dazu ein kurzes persönliches Wort gesagt, und dann durften sich die Jubilare ein Lied wünschen. Gab es zwei oder drei oder noch mehr Jubilare aus der letzten Woche zu bedenken, dann wurde statt zwei oder drei nur ein Vers aus den gewünschten Liedern gesungen.

Gab es keine Geburtstage zu bedenken, wurde nach der »Börse« die Losung gelesen und eine »Anrede« von 8, höchstens 10 Minuten gehalten, dann noch ein Lied oder ein Liedvers gesungen, und dann ging es zum für diesen Nachmittag angesetzten Hauptprogrammpunkt. Dieser dauerte knapp eine Stunde, in Ausnahmen auch einmal etwas länger.

Den Abschluss bildete ein gemeinsames Vaterunser, das An-die-Hand-Nehmen und der gemeinsame Chorschluss: »Wir danken schön, Gott befohlen und auf Wiedersehen!«

Es folgten die Verabschiedungen und die üblichen »small talks« zwischen Tür und Angel. Das Treffen war beendet.

Einige Ausführungen noch zu den *Mitarbeitern:* Seniorenarbeit muss nicht von bezahlten und ausgebildeten Kräften der Gemeinde betrieben werden. Sie kann auch von Menschen mit Herz für Seniorenarbeit vorbereitet und geleitet werden. Sie ist ein ungeheuer interessantes und befriedigendes Betätigungsfeld gerade auch für Laien auf diesem Gebiet. Ich ermutige sehr, sich dieser Arbeit zur Verfügung zu stellen.

Dass man sich für diese Arbeit auch zurüsten und mit helfenden Grundkenntnissen ausrüsten sollte, ist empfehlenswert und auch – wenn die Zeit reicht – möglich. Überall werden Kurse zur Gesprächsführung oder zur Leitung einer Gruppe angeboten. Wie wichtig ist es, Gespräche nicht ins Uferlose abschweifen zu lassen und dabei zugleich nicht so dirigistisch zu verfahren, dass niemand mehr wagt, etwas zu sagen. Ebenfalls gibt es Kurse, in denen uns die Bibel erschlossen wird, in denen wir lernen, wie wir eine kurze Andacht erarbeiten usw. Je mehr sich jemand für die Leitung einer Gruppe zurüsten lässt, desto leichter kann es ihm fallen, mit ihr zu leben.

Der Seniorenkreis-Leiter sollte auch etwas über Programmgestaltung, über die Planung und Durchführung von Ausflügen, von Wochenend-Tagungen und von Erholungs- oder Urlaubsfahrten wissen, wenn er auch in dieser Richtung etwas versuchen möchte. Noch einmal: Vieles lernt man im Laufe des Zusammenlebens mit denen, für die man da sein will. Und doch fällt einem manches leichter, wenn einem wenigstens gewisse Grundkenntnisse vermittelt worden sind. Allein schon das Wissen um Einrichtungen, in denen ich Literatur zu Spielen, Liedern, Andachten und dergleichen finden kann, erspart manches Kopfzerbrechen.

Nun könnte angesichts dieser Hinweise der eine oder andere, der seine Kraft auf diesem Gebiet gern zur Verfügung stellen möchte, entmutigt werden und sagen: »Das schaffe ich nicht. So viel kann ich nicht leisten. Ich kann nicht organisieren und zugleich eine Andacht vorbereiten und auch noch singen und mehr.« Helfen kann hier die Einsicht, dass wir diese Arbeit möglichst nicht allein, sondern in einem Team erledigen. Dabei soll hier Team nicht als eine durch und durch gesteuerte Mannschaft verstanden werden, sondern als eine Schar von Menschen, die sich die anfallenden Dienste aufteilen. Aufteilen nach Begabung und Interesse und in gemeinsamer Absprache.

Wem Musikalität verliehen ist, der singe und musiziere mit den Senioren. Wer es im Beruf schon mit Zahlen zu tun hat, der soll auch in dieser Arbeit die Kasse führen. (Hier sei in Klammern bemerkt: Wo eine eigene Seniorenkasse geführt wird, weil das viel Antragstellerei erspart, muss unbedingt dafür gesorgt werden, dass eine Kassenführung immer mit zwei Personen geschieht. Kassenführung muss immer auf einer gesicherten Zeugenschaft basieren. *Zwei* müssen Einnahmen und Ausgaben jeglicher Art zeichnen. Und dann sollte beiden wenigstens einmal im Jahr nach Überprüfung auch die Entlastung ausgesprochen werden. Das achtet stille Arbeit und bringt Genugtuung. Wer so etwas übernimmt, sollte sich von zuständiger Stelle vorher unterrichten lassen.)

Wer beruflich planen und organisieren musste oder wer dafür eine besondere Gabe hat, der soll diese Gabe auch in der Seniorenarbeit einbringen. Er kann Gäste als Referenten oder für andere Aufgaben entdecken und »anstellen«. Er kann Ausflüge managen und vieles mehr. Ganz besonders wichtig ist Teamarbeit, wenn der Leiter oder die Leiterin abwesend ist. Gibt es nur eine Person in der Leitung, wird im Falle von Abwesenheit nach Ersatz gesucht werden müssen. Bei einem Team ist das nicht nötig. Das ganze Team wird weder zu gleicher Zeit erkranken noch in den Urlaub gehen. Das erspart viel Suchen nach Ersatz.

Ganz wichtig ist die bei jedem Treffen notwendige Gruppe der Kaffeekocher und Tischdecker. Sie trafen sich bei uns manchmal schon 1 1/2 Stunden vor Beginn unserer Zusammenkünfte und bereiteten alles Notwendige vor. Sie waren so eingespielt, dass sie keine Weisungen brauchten. Der Kaffee war immer fertig.

Zu Arbeitshilfen in der Seniorenarbeit

Wenden wir uns noch kurz einigen Arbeitshilfen zu. Wenigstens auf einige möchte ich hier hinweisen, weil wir uns damit unsere Arbeit auch erleichtern können. Am Schluss des Buches finden Sie eine Liste mit einigen Vorschlägen (auch eine Auswahl über grundsätzliche Fragen).[6]

Jeder, der in der Seniorenarbeit leitend tätig ist, sollte ein oder zwei Andachtsbücher haben. Es ist wegen der verschiedenen Standpunkte gewagt, an dieser Stelle einen Hinweis zu geben. Ich gebe ihn doch und nenne die sehr persönlich geschriebenen *Andachtsbücher* von Heinrich Giesen, Ole Hallesby oder Axel Kühner.[6] Hier lasse man sich aber auch andere in Buchhandlungen vorlegen. Jeder kann da nach seinem Geschmack wählen.

Ich halte weiter einige *Bibelauslegungen* für angebracht. Auch davon gibt es inzwischen sehr viele. Man muss nicht für alle biblischen Bücher auf einmal alles anschaffen. Am besten geht man mit der täglichen Bibellese mit und kauft sich Jahr um Jahr ein weiteres Buch hinzu.

Ich empfehle an dieser Stelle auch die Anschaffung einiger *Werk- oder Materialbücher.* Nicht immer fallen einem zu einem Text gute Ideen zur Umsetzung für die Hörer ein. Da darf man sich helfen lassen, besonders dann, wenn es aus irgendeinem Grunde mal schnell gehen muss. Auch Werkbücher gibt es eine Menge. Wer damit arbeitet, stellt fest, dass manches Thema so umfassend behandelt wird, dass er es auf mehrere Seniorentreffen verteilen kann.[6]

Zur Hand haben sollte man auch einige Fundgruben für *Spiele und Basteleien.*[7] Und für den Fall aller Fälle, also zum Beispiel bei Ausfall eines eingeplanten Referenten, sollte eine Hand- oder Hausbibliothek auch einige kurz gefasste *Lebensbilder* und *Vorlesebücher* enthalten. So kann ohne große Schwierigkeiten ein kleines Notprogramm erstellt werden, und das Treffen ist gerettet.

Wer mit dem Aufbau einer solchen Hand- oder Hausbibliothek

beginnt, wird im Laufe der Zeit von selbst auf brauchbare Materialien stoßen und die Bibliothek so immer mehr vervollständigen.

In unseren Tagen wird die *Technik* groß geschrieben. Sie kann uns auch in der Seniorenarbeit eine Hilfe sein. Wer Seniorenarbeit praktiziert, wird sich eines Diaprojektors bedienen. Beim Kauf der notwendigen Leinwand, wenn nicht schon eine fest installiert ist, schaue man unbedingt auf ihre Handlichkeit. Es gibt Ausführungen, die bei regem Gebrauch sehr schnell »den Geist« halb oder ganz aufgeben, dazu auch noch sehr gefährlich sind. An scharfen Metallteilen oder an Feststell-Vorrichtungen kann man sich leicht an den Händen verletzen. Hier lasse man sich gut beraten.

Zumindest hingewiesen sei auch noch auf einen Kassettenrekorder oder CD-Player und natürlich auch auf einen Fernseher mit Videorekorder. Alles kann uns sehr dienen, etwa in der Wiedergabe von Musik oder von Filmen, die man nicht nur ansehen, sondern durch vertiefende Gespräche auch verarbeiten kann.

Ich nenne auch die *Tafel*, die es für gar nicht so viel Geld gibt (möglichst als Kipptafel). Diese kann unschätzbare Dienste leisten. Etwa bei Gesprächen über Bibeltexte oder über andere Themen. Sie hilft, Gedanken und Erklärungen festzuhalten oder kurze biblische Texte zu vermitteln. Man kann mit Zeichnungen schwerere Gedankengänge verdeutlichen. Und immer steht sie einem neu zur Verfügung. Denn mit ein paar Wischbewegungen ist alles wieder frei zum Beschreiben. Ich kann sie nur wärmstens empfehlen.

Zu den Arbeitshilfen zähle ich auch *Schreibmaterial*, also eine genügende Anzahl von Bleistiften und eine ausreichende Menge an Papier. Ohne große Kopiervorarbeit kann durch Verteilung von Papier und Bleistiften ein Quiz oder ein Ratespiel durchgeführt werden.

Christliche Seniorenarbeit ist nicht denkbar ohne Kontakt zu biblischen Texten. Hier kann man sich natürlich durch Kopieren von Texten helfen. Aber Kopieren kostet Zeit und Geld. Abhilfe kann hier die Anschaffung von *Bibeln* bieten, die – wenn schon nicht in Großdruck – freilich mit für Senioren gut lesbarer Schrift ausgestattet sein müssen.

Programmvorschläge für das Kirchenjahr

1. Zur Advents- und Weihnachtszeit

Das Kirchenjahr beginnt mit der Adventszeit, die auch die Weihnachtszeit eröffnet. In dieser Zeit bedenkt die Gemeinde das Kommen Gottes in Jesus Christus. Auch in Seniorentreffs sollte dieses Thema aufgegriffen werden.

Angesichts der anfallenden Aufgaben in der Gemeinde und zu Hause ist es nicht ratsam, Seniorentreffen bis kurz vor Heiligabend durchzuziehen. Es empfiehlt sich vielmehr, die Seniorentreffen spätestens zwischen dem 3. und 4. Advent mit einer Weihnachtsfeier, zumindest mit einem weihnachtlichen Beisammensein, zu unterbrechen und erst nach Neujahr wieder zu beginnen.

Aus diesem Grund werden hier Programmvorschläge für 3 Adventstreffen gemacht. Gleich im ersten Vorschlag für das Treffen nach dem 1. Advent kommt in der »Runde um die Bibel« das Thema »Advent« ausführlich zur Sprache.

Treffen in der Woche nach dem 1. Advent (Thema: Advent)

Erster Teil

Lied: »Macht hoch die Tür«, Evangelisches Gesangbuch (EG) 1, V. 1–3. Tischgebet mit anschließendem Kaffeetrinken. Während des Kaffees Gespräche der Senioren miteinander.

Etwa 12–15 Minuten vor Ablauf der ersten Stunde findet die

»Börse« statt. Grüße werden weitergegeben und wieder zu den Grüßenden auf den Weg gebracht. Es folgen Bekanntmachungen und – falls es einen Geburtstagsjubilar gibt – auch ein Geburtstagswort und ein Geburtstagslied. (Geburtstagskerze und – wenn möglich – auch ein Blumensträußchen nicht vergessen!) Das Geburtstagskind darf sich ein Lied wünschen.

Zweiter Teil

Es folgt nun die »Runde um die Bibel«. Gemeint ist ein Gespräch (bitte kein Vortrag, auch kein Monolog, der tötet) anhand von Matthäus 21,1-11 von etwa 50 Minuten.

Arbeitshilfen: Entweder sind Bibeln in ausreichender Menge vorhanden, oder wir verteilen einen gut lesbar kopierten Text. Tafel.

Gesprächsverlauf

1. Schritt:
Sammeln von Assoziationen zum Thema »Advent«. Was genannt wird, an der Tafel für alle sichtbar festhalten, zum Beispiel Kerze, Stollen, Tannengrün, Adventskranz.

2. Schritt:
Von den Assoziationen kommen wir zum christlichen Adventsinhalt, indem wir Verbindungen suchen. Das Licht weist auf Jesus Christus, der uns Licht für unser Leben sein will. Das Tannengrün deutet die Hoffnung an, die die Christen durch Jesus, ihren Herrn, gewonnen haben. Den Übergang zum Text bekommen wir vom Namen dieser vorweihnachtlichen Zeit. Er ist vom lateinischen »adventus« abgeleitet, zu deutsch »Ankunft«. Wir schauen auf die Ankunft des erlösenden Boten Gottes Jesus. Von seinem Kommen erzählt auch Matthäus 21,1-11.

3. Schritt:

Lesen des Textes, danach entdecken, was jedem wichtig ist (vielleicht wieder Festhalten des Entdeckten an der Tafel). Wenn man alle Teilnehmer zur Mitarbeit einlädt, weckt das Interesse.

Hervorheben, dass nicht entscheidend ist, wie Jesus zum Reittier kommt (wieso alles so wunderbar »geklappt« hat; Jesus war kein Zauberkünstler) – entscheidend ist, *dass Jesus sich im Sinne von Sacharja 9, 9 für einen Esel als Reittier für den Einzug in Jerusalem entscheidet.* Damit deutet er auf *sein* Messiasverständnis hin. Es unterscheidet sich von dem der religiösen Führer und Landsleute, ja sogar von dem seiner Jünger! Jesus hat keinen politischen Anspruch. Er kommt nicht mit Pomp. Nicht mit Macht. Er kommt sanftmütig zu seinem Volk und über dieses zu aller Welt. Vielleicht darf man schon in dieser Entscheidung Jesu, im Sinne Sacharjas in Jerusalem einzuziehen, die Andeutung für den kommenden Konflikt und für seinen Tod sehen.

4. Schritt:

Ist der Text verdeutlicht, muss im Sinne von V. 5 des gesungenen Liedes vom Kommen des Herrn in unser Leben gesprochen werden. Dieses Kommen wird nur da Wirklichkeit werden, *wo wir uns ihm freiwillig öffnen und ihn einladen*: »Komm, o mein Heiland, Jesus Christ, meins Herzenstür dir offen ist.« Wo das nicht geschieht, bleibt das Kommen Jesu in diese Welt für unser Leben bedeutungslos. Vielleicht wäre an dieser Stelle auch zu fragen, was uns hindern kann, uns ihm zu öffnen. Und auch: Wie man das Hinderliche abbauen kann.

5. Schritt:

Schließlich sollte Advent auch den Blick auf die Zukunft richten. Der in Niedrigkeit Gekommene wird von der Gemeinde Christi als der mit Macht Kommende erwartet. Gerade in unserer Zeit wenden sich alle aus verständlichen Gründen (um die anstehenden Probleme der Bevölkerungsexplosion, der Atomgefahr, der Umweltzerstörung usw. zu lösen) mit aller Konsequenz dem Diesseits zu. *Da-*

durch kann der Blick auf den kommenden Vollender der unvollende-
ten Welt verloren gehen. Dann bleibt nur ein Leben in Antwort- und
Sinnlosigkeit, damit auch ein Leben ohne Trost.

6. Schritt:
Wir schließen, falls die Zeit es noch erlaubt, mit dem Lied »Nun
jauchzet, all ihr Frommen . . .«, EG 9, V. 1, 5 und 6. Es folgt das gemeinsam gesprochene Vaterunser.

Hinweis: Für das nächste Mal bringt jeder bestimmte Materialien
und Werkzeuge für das Adventsbasteln mit (siehe dazu die folgenden Ausführungen).

Treffen in der Woche nach dem 2. Advent (Adventsbasteln)

Im Mittelpunkt des Treffens nach dem 2. Advent soll eine Advents-
bastelei stehen. Sie ist eine Abwechselung im Seniorentreff-Pro-
gramm. Man ist nicht nur geistig tätig, man führt auch etwas mit den
Händen aus. Auch das Auge ist mit dabei. *Basteln ist schöpferisches
Tun.* Hinzu kommt ein meditativer Aspekt: Was wir basteln, wird
von uns gedanklich begleitet und innerlich mit Advent und Weihnachten verbunden. Und schließlich: Für manchen Senior, für manche Seniorin, ist es durchaus auch ein Erfolgserlebnis, wenn am Ende
des Treffens etwas entstanden ist, über das man sich freuen kann und
das man mit nach Hause nehmen kann. Die Basteleien sollten darum
am Ende für alle sichtbar hochgehalten werden. Allen fleißigen Bast-
lern sollte ein Lob gesagt und ihr Werk mit einem Applaus bedacht
werden. Denen, die aus irgendwelchen Gründen nicht mitbasteln
können, sollte geholfen werden, auch eine Bastelei zu bekommen.

Erster Teil

Adventslied, zum Beispiel »Tochter Zion, freue dich«, EG 13. Im
Anschluss daran wieder Kaffee, »Börse«, Geburtstagswort und
-lied, falls Geburtstagskinder zu bedenken sind.

Da wir bei diesem Treffen in der zweiten Hälfte ein Adventsbasteln durchführen, bedenken wir am Ende der »Börse« den Wochenspruch für die 2. Adventswoche (sollten Geburtstagskinder da sein, könnten diese auch mit in dieses Wort hineingenommen werden). Es geht um Lukas 21,28: »Seht auf und erhebet eure Häupter, weil sich eure Erlösung naht.« Es könnten folgende Gedanken zur Sprache kommen:

Jesus setzt in diesem Wort voraus, dass der Mensch mit » *gebeugtem Haupt* « durchs Leben geht. Das ist der Fall, auch wenn er es nicht zeigt, ja, wenn er noch so sehr aufrecht geht (und rein äußerlich gehen kann!). Er kann seine Lage nicht wie ein Münchhausen ändern. Sie ist die des »krummen Holzes« (Bild von Ernst Bloch in seinem Werk »Das Prinzip Hoffnung« für den Menschen, von Helmut Gollwitzer in seinem Buch »Krummes Holz – aufrechter Gang« aufgenommen). Der Mensch weiß das und seufzt darunter mit der übrigen Schöpfung (Römer 8,22).

Das ändert sich erst in dem Augenblick, in dem wir auf den kommenden Menschensohn, der für den Christen niemand anders als der Christus Gottes ist, schauen. Er bringt endlich die neuen Verhältnisse und damit das Heil. Wir stehen jetzt immer noch davor. Aber *wer das weiß, kann jetzt schon sein Haupt erheben, wenngleich die Lasten des Lebens ein ständig erhobenes Haupt noch nicht zulassen.*

Dieser Teil kann mit einen Liedvers oder mit einem Gebet abgeschlossen werden.

Zweiter Teil

Zunächst die nötigen Erklärungen zur Bastelarbeit. Hier gibt es eine Vielzahl von gedruckten Vorlagen. Außerdem werden in den einzelnen Seniorengruppen auch Bastelerfahrungen vorliegen, so dass man an dieser Stelle auf Anregungen verzichten könnte. Dennoch soll hier auf drei Möglichkeiten zum Adventsbasteln hingewiesen werden.

Möglichkeit 1: *Adventskerze*

Materialien: Besorgt werden müssen etwas dickere Kerzen, farbig oder weiß, Knetwachs in verschiedenen Farben (alles in entsprechenden Geschäften zu haben).

Werkzeug: ein spitzes Messer.

Arbeitsvorgang: Aus den dünnen Knetwachs-Plättchen werden kleine Sterne, Herzen, Tannenbäume oder auch Symbole wie Kreuz oder Krippe geschnitten und nach Phantasie auf die Kerze geklebt.

Möglichkeit 2: *Advents- oder Weihnachtsapfel*

Materialien: Tonkarton in Rot (für den Apfel) und Grün (für ein Blatt), dünne Goldschnur für einen Aufhänger des Adventsapfels.

Werkzeug: Papierschere und Bleistift.

Arbeitsvorgang: Jeder erhält eine Apfelschablone (fotokopiert), schneidet diese zurecht, zeichnet anhand der Schablone mit dem Bleistift einen Apfel auf den roten Tonkarton und schneidet nun den Apfel (entsprechende quadratische Größen sind vorgefertigt) aus. Das grüne Blatt wird aus ebenfalls vorgeschnittenen grünen Tonkarton-Teilen ohne Schablone ausgeschnitten und in die Nähe des Apfelstiels geklebt. Der Apfelstiel wird mit einem Loch versehen. Durch dieses Loch wird die dünne Goldschnur geführt, an den Enden zusammengeknotet und dann in einen Tannenzweig, an einen Adventskranz oder in einen Tannenbaum gehängt.

Möglichkeit 3: *Advents- oder Weihnachtskarte (siehe Skizzen auf S. 147)*

Materialien: Leichter weißer Karton, dünner Stoff mit der Grundfarbe grün, auf dem sich Weihnachtsmotive befinden, zum Beispiel Weihnachtsmann, Nikolausstiefel, Sterne, Goldstifte.

Werkzeug: Spitze Schere, Bleistift.

Arbeitsvorgang: Tannenbaum-Schablone (Baumhöhe etwa 12-14 cm, Baumbreite etwa 8 cm) fotokopiert jedem Teilnehmer übergeben und ausschneiden lassen. Nun einen entsprechend der Tannenbaumgröße vorgefertigten rechteckigen Kartonteil einmal in der Mitte der Länge nach knicken, so dass eine Faltkarte entsteht. Tannenbaum-Schablone auf die eine Hälfte des gefalteten Kartons legen, und zwar auf die Hälfte, die bei der Faltkarte die Vorderseite ist. Die Schablone mit dem Bleistift umfahren und den Tannenbaum mit der Schere ausschneiden. Dieser Vorgang muss eventuell von Helfern ausgeführt werden. Sodann den Stoff entsprechend der Klappkartengröße auf ein Deckblatt kleben (Stoff etwas kleiner als Deckblatt, aber größer als Tannenbaum-Ausschnitt) und von innen mit Stoff nach vorn auf das Kartenblatt kleben. Entstanden ist eine Klappkarte mit Tannenbaum-Motiv.

Literaturhinweis: Wer weitere Bastelanregungen haben möchte, lasse sich in Buchhandlungen beraten. Ich empfehle hier die Vorschläge des Rheinischen Verbandes für Kindergottesdienste, Graf-Recke-Str. 209, 40237 Düsseldorf, die er in »Weihnachten V« auf S. 123 ff. macht.

Treffen in der Woche nach dem 3. Advent (Weihnachtsfeier)

Mit diesem Treffen empfehle ich, die Seniorentreffs vor der Weihnachtszeit zu beenden. Wo man ähnlich denkt, sollte dieses Treffen darum eine Weihnachtsfeier oder zumindest ein weihnachtliches Beisammensein bieten. Dafür gibt es bei den Seniorengruppen gewiss eigene Erfahrungen.

An diesem Tage gilt unsere Aufmerksamkeit auch der besonderen Gestaltung unseres Raumes: Je nach finanziellem Vermögen eines Seniorenkreises werden Helfer die Tische (wenn möglich in Tischgruppen für 6–8 Personen zusammenstellen) für dieses Beisammensein schmücken. Also: Neben den üblichen Kerzen und dem Tannengrün auf möglichst weißer Tischdecke werden kleine Geschenke für jeden Besucher gelegt. Etwa einen kleinen Blumen-Spruch-Kalender, ein Marzipanbrot, gutes Gebäck, ein *gutes* Stück Seife oder dergleichen. Und natürlich gibt es an diesem Tage für alle neben dem Kaffee auch den vom Seniorentreff bestellten Kuchen.

Die Kerzen sollten brennen, wenn die ersten Besucher kommen. Und vielleicht kann auch gute Weihnachtsmusik schon zum Empfang leise von einem Kassettenrekorder oder CD-Player erklingen.

Verlauf

Teil 1: *Weshalb die Christenheit Weihnachten feiert*
Dauer: etwa eine halbe Stunde.
Eröffnung mit einem Klavierstück oder mit einem gemeinsam gesungenen Weihnachtslied.
Begrüßung der Erschienenen, dabei auch Gedenken der am Erscheinen Verhinderten.
Lied: »Macht hoch die Tür«, EG 1, nicht mehr als 3 Verse,
Lesen des 98. Psalmes (durch einen Helfer),
Lied: »Lobt Gott, ihr Christen alle gleich«, EG 27, höchstens 3 Verse,
Lesung von Lukas 2,1-7 (durch einen Helfer),
Lied: »Stille Nacht«, EG 46 (kann das elektrische Licht gelöscht werden?),
Lesung von Lukas 2,8-14,
Lied: »Vom Himmel hoch, da komm ich her«, EG 24, 3 Verse,
Lesung von Lukas 2,15-20,
Lied: »Herbei, o ihr Gläub'gen«, EG 45, 3 Verse,
Kurzes Weihnachtswort, vom verlesenen Text ausgehend, da das Gehörte noch frisch ist. Dabei können folgende Wahrheiten unterstrichen werden: a) die Raumlosigkeit, die Maria und Josef und viele andere Menschen in der Welt erleben; b) der Zuspruch des Engels: »Fürchtet euch nicht! Siehe, ich verkündige euch große Freude«. Ohne dieses Engelwort wüssten wir nichts von dem, was da für alle Welt geschehen ist. Oder c) das Verhalten der Hirten – sie lassen sich sagen, sie prüfen das Gehörte, sie werden in die Freude geführt, sie loben Gott. Vorbilder auch für uns? Das Weihnachtswort sollte 15 Minuten nicht überschreiten.
Danach 1 Vers aus einem Weihnachtslied, Gebet und Tischgebet oder Tischkanon.

Teil 2: *Kaffeetrinken* (je nach Gruppengröße 30–35 Minuten)

Teil 3: *Singen von Weihnachtsliedern, Gedichte, eigene Weihnachts-erlebnisse*

Es dürfen Lieder vorgeschlagen werden. Möglichst nicht alle Strophen singen, damit viele ihre Wünsche nennen können. Zwischendurch Gedichte und, falls vorhanden, eigene Weihnachtserlebnisse. Bitte darauf achten, dass keine überdimensional langen Gedichte und Erlebnisse vorgetragen werden. Die Vortragslänge kann langweilen und die (hoffentlich) gute Stimmung töten. Auch dieser Teil sollte zeitlich nicht überzogen werden.

Teil 4: *Weihnachtlicher »Leckerbissen«*

Gemeint ist der Besuch eines Kinderchores, eines Männerchores, einer Instrumentalgruppe (ich habe gute Erfahrungen mit einem Mundharmonika-Orchester, mit einem Mandolinen- und einem Streichorchester gemacht). Freude bereitet auch eine Kinderballett-Gruppe oder ein Krippenspiel. Dieser Teil sollte nicht länger als 1 Stunde dauern.

Teil 5: *Bescherung und Schluss*

In diesem letzten Teil unserer Weihnachtsfeier muss denen gedankt werden, die das ganze Jahr für uns da gewesen sind beim Kaffeekochen, Kassieren, Organisieren von Fahrten und dergleichen mehr. Der Dank sollte mit einem Geschenk unterstrichen werden. (Wer dabei einen Weihnachtsmann bieten kann, der die Helfer unter einem bestimmten Thema in belustigender Weise beschenkt, der hat auch in diesem Teil die frohe Stimmung der Weihnacht erhalten.) In dieser Stimmung schließen wir mit einem gemeinsamen Vaterunser und dem sich anschließenden Lied »O du fröhliche, o du selige«, EG 44.

Falls wir gut organisiert sind, haben wir schon das neue Programmblatt da und verteilen es am Ausgang oder sagen zumindest an, wann wir uns das nächste Mal wieder treffen.

Es folgt nun die *Weihnachtspause*, die sich bis in die erste oder zweite Januarwoche erstrecken kann. Ich habe meist um den 10. Januar die Seniorentreffen wieder begonnen. Dann waren für die meisten Senioren die Angehörigenbesuche beendet, und wir konnten beginnen.

Beginnen wir in der 2. Woche des Januar, dann befinden wir uns schon in der *Epiphaniaszeit,* die mit dem *Epiphaniasfest* am 6. Januar beginnt. Das Fest kann schon am Abend des 5. Januar oder in der Nacht vom 5. auf den 6. Januar beginnen. Ihren Namen hat die Zeit aus der griechischen Sprache. »Epiphanie« heißt *Erscheinung.* Gemeint ist die Erscheinung des Herrn. Bevor das Weihnachtsfest sich als Geburtsfest Christi durchgesetzt hatte, und das war erst im 4. Jahrhundert der Fall, war das Epiphaniasfest das Geburtsfest des Christus Gottes.

Das Erscheinen Christi kann verschieden akzentuiert werden: zum Beispiel als Erscheinen in der Welt. Dann ist die Geburt betont. Oder es kann sein Erscheinen in der Öffentlichkeit betont werden. Dann wird die Taufe am Jordan zu bedenken sein. Oder es ist das Erscheinen seiner Herrlichkeit in den Zeichen gemeint, die seine göttliche Sendung erkenntlich machten, dann muss von seinen Zeichen die Rede sein, etwa vom Weinwunder in Kana (Johannes 2,1-11). Wie der Akzent auch gesetzt wird – immer ist letztlich das Kommen Gottes gemeint.

Indessen kann das Epiphaniasfest auch als Erscheinen des Sterns und der Weisen aus dem Morgenland gefeiert werden. Diese Feier hat zur Ausgestaltung des Festes der *Heiligen Drei Könige* geführt. Beides, das Erscheinen des Herrn wie das Erscheinen der Weisen, kann auch beim Seniorentreff thematisiert werden.

Treffen in der Woche nach dem 1. Sonntag nach Epiphanias (Abendmahlsfeier)

Wir eröffnen mit diesem Treffen die Seniorentreffen des neuen Jahres. Im Mittelpunkt steht heute das Abendmahl. Wir feiern es in der zweiten Hälfte des Beisammenseins.

Erster Teil

Wir beginnen mit einem Neujahrslied, etwa mit »Nun lasst uns gehn und treten«, EG 58, mit einem Tischgebet und dem Kaffeetrinken. Das während des Kaffeetrinkens geführte Gespräch wird nach der Weihnachtspause besonders intensiv sein und sollte deshalb möglichst nicht gestört werden. Gegen Ende der ersten Stunde halten wir wieder unsere »Börse«. Auch sie wird aufgrund der Weihnachtspause dieses Mal länger dauern.

Zweiter Teil

Da manche unserer Senioren aus verschiedenen Gründen (vielleicht auch wegen der ungünstigen Witterung) im neuen Jahr noch nicht am Abendmahl teilgenommen haben, bietet sich ein Jahresbeginn mit einer Abendmahlsfeier gut an. Dabei soll sich niemand zum Abendmahl gezwungen fühlen. Das muss in aller Deutlichkeit gesagt werden, so dass der, der das Abendmahl nicht empfangen möchte, es nicht empfangen muss und dennoch bei uns sein kann.

Wo kein Pfarrer die Senioren ständig begleitet, da hole man sich für diesen Jahresbeginn einen. Er wird sich dieser Aufgabe nicht verschließen. Und vielleicht lässt sich auch noch der Kirchenmusiker der Gemeinde zu dieser Abendmahlsfeier gewinnen, dann ist sie, wo ein Instrument vorhanden ist, auch musikalisch gut gestaltet.

Wir haben die Abendmahlsfeier meist ohne Instrumentalbegleitung durchgeführt. Gemäß unserer Sitzordnung gingen wir in drei Gruppen zum Abendmahl. Während eine Gruppe im Halbkreis um den Abendmahlstisch versammelt war, sangen die beiden anderen Gruppen bekannte Lieder.

Die vorbereitende Anrede könnte schon das Thema der Epiphanie aufnehmen. In der Reihe VI der kirchlichen Predigttexte ist für den 1. Sonntag nach Epiphanias der Text aus Jesaja 42,1-4 vorgeschlagen. Es geht in diesem Text um den Gottesknecht.

Wer ist er? Der Prophet? Das Volk? Der Beschriebene weist über sich hinaus auf einen noch Erscheinenden. Die Christenheit sieht

Jesus als den hier Geschauten. Gottesknecht wird er, indem er Menschenknecht wird. Denn »das zerknickte Rohr wird er nicht zerbrechen, und den glimmenden Docht wird er nicht auslöschen«. Bilder, die einst Israel galten. Wir dürfen sie auch auf uns beziehen. Das eine Bild betont besonders den geschundenen Menschen, das zweite besonders den geschwächten Menschen, wodurch das auch immer geschehen sein mag. Der Gottesknecht kennt den Menschen und bringt ihm Barmherzigkeit entgegen. Sein Handeln wird zutiefst vom Dienst am Menschen bestimmt. Er will aufrichten. Er will entlasten. Er will am Leben erhalten. Er vermag das durch sein Wort von der Vergebung, von der Hoffnung, vom Trost. Er tut das auch im Abendmahl. Mit ihm kann man darum durch das Jahr gehen.

Unsere Senioren, die aufgrund ihres Alters in den meisten Fällen mit vielen Krankheiten und Leiden zu tun haben, verstehen dieses Wort sehr persönlich. Sie fühlen sich oft wie ein geknicktes Rohr und wie ein glimmender Docht und freuen sich, wenn ihnen Mut zugesprochen wird.

Wer das Epiphanias-Thema nicht mag, kann auf die Jahreslosung ausweichen.

Wir schließen die Abendmahlsgemeinschaft und damit auch unser erstes Treffen im neuen Jahr mit Gebet und Segen und mit einem bekannten Lied, etwa »Großer Gott, wir loben dich«, EG 331.

Treffen in der Woche nach dem 2. Sonntag nach Epiphanias (Thema: Die Weisen aus dem Morgenland)

Erster Teil

Zu Beginn des ersten Teiles kann das Epiphaniaslied »Jesus ist kommen, Grund ewiger Freude« (EG 66) gesungen werden. Es folgen Tischgebet und Kaffeetrinken. Eine Dreiviertelstunde danach »Börse«, Verlesen der Losung, Hervorheben des Losungsanliegens, dabei, falls ein Geburtstagskind zu bedenken ist, das Geburtstagskind in die kurze Ansprache einbeziehen. Es kann nun ein Geburtstagslied oder nochmals ein Epiphaniaslied gesungen werden, zum Beispiel EG 70,1-3 »Wie schön leuchtet der Morgenstern«. Dieses Lied führt uns hinüber in den zweiten Teil unseres Treffens.

Zweiter Teil

Da wir uns in der 2. Woche nach Epiphanias befinden, bietet es sich an, die Weisen aus dem Morgenland oder die daraus abgeleitete Erzählung von den Heiligen Drei Königen zu thematisieren. Jörg Zink hat dazu in seiner »Diabücherei Christliche Kunst«[8] eine Tonbildschau geschaffen, die ich für die Behandlung dieses Themas empfehlen kann.

Vorarbeit: Besorgen der »Diabücherei«, durchlesen des Angebots zum Thema, Heraussuchen der entsprechenden Dias und Einordnen in eine Diakassette. Schon vor der Veranstaltung Dias *und* Tonband einmal durchchecken, das Tonband abspielen. So werden kritische Punkte entdeckt, die für die Veranstaltung von vornherein ausgeräumt werden können.

Das Tonband kann man sparen, wenn man den Text zu den Bildern selbst vorträgt. Die Tonkassette bietet indessen neben dem Text auch noch Musik. Diese sollte man sich nicht entgehen lassen.

VERLAUF

1. Schritt:
Verlesen der Einführung zu den Bildern, die eine Vorstellung des Malers Rogier van der Weyden und seines Wirkens bringt (S. 18/19).

2. Schritt:
Tondiaschau »Drei Könige unter dem Kreuz« (S. 21 ff. in der Diabücherei).

3. Schritt:
Falls die Zeit es noch erlaubt, könnte nach der Schau mit den Anwesenden noch ein Gespräch geführt werden.

Abschließen werden wir wieder mit einem Gebet. Vielleicht, je nach Zeit, nochmals ein Lied? Oder nur einen Vers? Man sehe!

Treffen in der Woche nach dem 3. Sonntag nach Epiphanias (Thema: Anschauungen und Bräuche um die Heiligen Drei Könige)

Erster Teil

Eröffnung des Treffens mit einem Loblied nach freier Wahl oder auf Vorschlag der Teilnehmer. Sonst wie immer. Sollte jemand eine Kuchenrunde spendieren, weil er Geburtstag hatte, einen Dank an den Spender nicht vergessen. Nach den Informationen wenden wir uns dem zweiten Teil unseres Treffens zu.

Zweiter Teil

Wir gehen zu diesem Teil über mit dem Lied »O Jesu Christe, wahres Licht«, EG 72, oder mit einem anderen Epiphaniaslied. Danach wenden wir uns noch einmal den Weisen aus dem Morgenland bzw. den Heiligen Drei Königen zu. Dieses Mal allerdings mit einem Blick auf *Anschauungen und Bräuche*, die im Lauf der Zeit im christlichen Kulturbereich gewachsen sind. So sind die drei Könige Kaspar, Melchior und Balthasar die »Schutzpatrone« der Reisenden geworden. Vielleicht wissen Teilnehmer des Seniorenkreises noch von Wirtshausnamen, die man in früheren Zeiten gebrauchte. Vielleicht gibt es auf dem Lande heute noch Namen wie »Zur Krone«, »Zum Stern« oder auch »Drei Könige«. Oder wer wird nicht an das Sternsingen am Drei-Königs-Fest erinnert? Manchmal zeugen noch lange nach dem Fest die mit den Buchstaben C+M+B gekennzeichneten oberen Querstücke von Türrahmen von diesem Singen. Sie stehen für das lateinische »Christus mansionem benedicat« – »der Herr segnet dieses Haus«.

VERLAUF

1. Schritt:
Verlesen oder gemeinsames Lesen des Textes von den Weisen nach Matthäus 2,1-12. Eventuell darauf hinweisen, dass nur dieser Evangelist von den Weisen erzählt.

2. Schritt:
Zusammentragen von Erfahrungen mit dem Drei-Königs-Fest, wo möglich auf einer Tafel festhalten. Falls wenig oder gar nichts kommt, gehen wir weiter und stellen entstandene Traditionen und Bräuche vor. Als Hilfe dabei empfehle ich »Das große Hausbuch«, das Johannes Thiele herausgegeben hat. Hier informieren wir uns auch darüber, woher die Heiligen Drei Könige kommen.[9]

3. Schritt:
Falls noch Zeit bleibt, kann man gemeinsam zu klären versuchen, weshalb die Weisen Gold, Weihrauch und Myrrhe schenken und ob man sich die Weisen als Könige vorstellen kann[10], was sehr sinnvoll erscheint: Indem schon jetzt die *fremden* Könige zu Jesus kommen, deuten sie an, dass dieser geborene König für die Welt zuständig ist. Sie wissen mehr als der *eigene* König, der trotz der Schrift, die er hat, leider ganz anders handelt.

Wir schließen mit dem Gedicht »Drei Könige« aus dem »Hausbuch«[11] und mit dem Vaterunser.

Treffen in der Woche nach dem 4. Sonntag nach Epiphanias (Thema: Sterne)

Unter dem Wort der Weisen aus Matthäus 2 »Wir haben seinen Stern im Morgenland gesehen« können wir die Epiphanie noch einmal zur Sprache bringen, indem wir uns mit Sternen beschäftigen. Wir werden dabei entdecken, wie weit die Sterne als Bilder auch unserem Denken vertraut sind.

Das uns zum Thema führende Lied könnte »Der Morgenstern ist aufgedrungen«, EG 69, sein.

Gesprächsverlauf

Einleitung: Nach dem Bericht in Matthäus 2,1-14 sind die Weisen durch einen Stern nach Bethlehem zur Anbetung des neugeborenen Königs geführt worden. Das war nur möglich, weil die Weisen sich in der Sternkunde auskannten. (Hier könnte in aller Kürze auf den Unterschied zwischen *Astrologie* und *Astronomie* hingewiesen werden. Die Astrologie beschäftigt sich mit der Schicksalsdeutung des Menschen. Hinter diesem Versuch steht der *Glaube*, dass alles irdische Geschehen von den Sternen abhänge. Die Astronomie umfasst das gesamte Gebiet der exakten *Wissenschaft* von den Himmelskörpern.) Wir nutzen die Epiphaniaszeit und denken einmal über Sterne nach.

1. Schritt:
Wir tragen zusammen (und halten – wenn möglich – an einer Tafel fest), wo wir Sternen begegnen: zum Beispiel im Advents- und Weihnachtsgebäck, im Adventskranz- und Weihnachtsbaumschmuck (Strohsterne, Weihnachtsbaumspitzen, Sterne auf Baumkugeln). Wir finden Sterne an Hotels zur Kennzeichnung der Hotelqualität. Soldaten tragen Sterne auf den Schulterstücken zur Kennzeichnung des Ranges (»er ist ein Drei- oder Vier-Sterne-General«). Es gibt Sterne auf Zeitschriften, ein uns bekanntes Auto führt auf seinem Kühler einen Stern. Wir finden die Rede von Sternen in Liedern (wer kennt ein Lied?), in Gedichten, in Filmen. Zum Abschluss dieser Überlegungen könnte man das Kinderlied »Weißt du, wie viel Sternlein stehen« singen.

Unter Zuhilfenahme einer Wortkonkordanz zur Bibel schlagen wir nun einige Bibelstellen auf. Auch in Israel waren Sterne im Denken integriert. Man bediente sich ihrer, um etwas Besonderes auszudrücken.

Nach 1. Mose 15,5 wird Abraham im Gespräch mit Gott auf die Vielzahl der Sterne gewiesen. So zahlreich soll auch seine Nachkommenschaft sein. Derselbe Gedanke taucht noch einmal in 1. Mose 22,17 auf.

Nach 4. Mose 24,17 weissagt Bileam dem Moabiterkönig den Aufgang eines Sternes aus Jakob, der gegen ihn auftreten werde.

Der Beter des 8. Psalms staunt über die Schöpfung, wozu auch die Sterne gehören. Dabei wird ihm der große Abstand des Menschen zu Gott deutlich.

Die genannten Stellen zeigen alle, dass der Hinweis auf die Sterne immer die Größe Gottes verdeutlichen will. Der große Gott wird Abraham unzählig viele Nachkommen schenken und durch einen stärkeren König aus Israel den Moabiterkönig überwinden. Gottes Größe bringt den Menschen zum Staunen.

Wo in einer Gruppe Zeit und Interesse ist, können noch weitere Bibelstellen aufgeschlagen werden.

2. Schritt:

In einer weiteren Überlegung versuchen wir zu erfassen, wieso man sich der Sterne bedient hat, um etwas auszusagen. Maßgebend dürfte gewesen sein: *Sterne haben Hinweis-Charakter.* Dieser Hinweis-Charakter ist ihnen nicht angetragen worden. Sie bringen ihn vielmehr mit. Durch ihren Schein, durch ihren Stand machen sie auf etwas aufmerksam, weisen sie auf etwas hin. Der Polarstern kann nicht anders als zeigen, wo Norden ist. Die Venus kann nicht anders, als vor Sonnenaufgang nach Osten und nach Sonnenuntergang nach Westen weisen. Auch ihre Entfernung, ihr Licht, ihre bekannte oder vermutete Größe, ihre Zahl helfen zur Verdeutlichung von Wirklichkeit. Von diesem Hinweis-Charakter ist es kein Problem, die Wegweisung des Sterns anzunehmen, von der die Weisen im Morgenland Gebrauch gemacht haben. Und wenn Sterne groß und hell sind, dann liegt auch die Übertragung des Sterns auf besondere Menschen nahe. Nur so ist es zur Rede von »Jakobs Stern« gekommen (siehe oben zu 4. Mose 24,17!), womit zunächst ein israelitischer König gemeint war. Von ihm sollte Hilfe und damit Licht für das Volk kommen.

Von diesem Hinweisgedanken ist denn auch der Stern als Bild für den kommenden Erlöser abgeleitet worden. Die Christenheit sieht ihn in Jesus Christus. Er ist der »Morgenstern«, der schon in unsere Dunkelheit hereinscheint. An ihn will die Epiphaniaszeit erinnern.

Mit dem Lied von Jochen Klepper »Die Nacht ist vorgedrungen«, EG 16, oder auch mit dem Lied »Stern, auf den ich schaue« kann das Gespräch beendet werden.

Empfehlung: Im Zusammenhang mit der Thematisierung der Weisen aus dem Morgenland und auch des Sterngedankens zu Beginn eines neuen Jahres taucht natürlich wie von selbst auch die Frage nach dem Horoskop auf. Gerade am Beginn eines neuen Jahres finden astrologische Kalender reichen Absatz. Und manches Kaufhaus hat zu dieser Zeit sogar einen Horoskop-Computer aufgebaut (vom Autor selbst beobachtet!), der einem nach Eingabe einiger Daten die Zukunft sofort ausdruckt.

Wenn für dieses Thema Interesse in einem Seniorenkreis vorhanden ist, sollte ein Sachkenner der Materie gesucht werden, der uns eine gute Information und Einordnung geben kann. Vorsicht! Das Thema ist schwierig.[12]

2. Zur Passions- und Osterzeit

Treffen in der Woche nach dem Sonntag Septuagesimae (Thema: Jesu Weg nach Jerusalem; Wege, die Menschen gehen)

Mit dem Sonntag Septuagesimae kommt die *Osterzeit* in den Blick. Der Vorpassions- oder Vorfastenzeit (Septuagesimae bis Estomihi) folgt die eigentliche Passions- oder Fastenzeit (Invocavit bis Palmarum), die Karwoche mit Gründonnerstag und Karfreitag, das Osterfest und die nachösterliche Freudenzeit (Quasimodogeniti bis Rogate). Wer mehr dazu wissen möchte, der sei auf das Evangelische Kirchenlexikon[13] oder auf andere Nachschlagewerke verwiesen. Hier kann er umfassendere Informationen zum Thema »Kirchenjahr« erhalten.

Wir treffen uns etwa 70 Tage vor Ostern. Es ist noch ein weiter Weg bis zum Fest. Er führt durch die Passionszeit. Wer Ostern feiern, wer es verstehen will, der muss zuvor die Passionszeit und damit das Leiden Christi wahrnehmen. Seine Auferstehung und sein Tod gehören zusammen.

Ähnlich lagen die Dinge für Jesus und seine Jünger. Als die Zeit für Jesus gekommen war, entschloss er sich zum Weg nach Jerusalem, das er natürlich kannte. Er hatte die Stadt mit seinen Eltern, als Erwachsener dann auch allein oder mit Freunden besucht. Nun aber ging er zur Vollendung seines Auftrags dorthin. Der Evangelist Lukas, der vom zwölfjährigen Jesus im Tempel berichtet, drückt den Gang Jesu zur Entscheidung mit einer ganz eigenen Formulierung (9,51) aus: »Als sich die Tage erfüllten, da er in den Himmel erhoben werden sollte, richtete er seinen Blick auf Jerusalem als das Ziel seines Weges« (Übersetzung nach Ulrich Wilckens).

Bei unserm heutigen Treffen wollen wir anhand des Textes Lukas 9,51-56 *über den Weg Jesu nach Jerusalem und dann überhaupt über Wege, die freiwillig gegangen werden oder gegangen werden müssen,* nachdenken.

Nach Kaffee und Informationen im *ersten Teil* des Treffens versuchen wir dem Thema im zweiten Teil nachzugehen.

Zweiter Teil

Folgende Lieder bieten sich zur Hinführung an: »Jesu geh voran«, EG 391; »Ich möcht, dass einer mit mir geht«, EG 209; »Weit sind die Wege und weit ist die Fahrt«(siehe »Mundorgel« je nach Erscheinungsjahr); »Wohin soll ich gehn, Herr, ich frage dich«, Sing mit uns 117, oder ein anderes Lied, das den Weggedanken aufnimmt. Wir sollten noch kein Passionslied singen.

Gesprächsverlauf

1. Schritt:
Lukas 9,51-56 lesen und folgende Gedanken herausarbeiten: Jesus weiß, wozu er gesandt ist. Darum entschließt er sich, eines Tages nach Jerusalem zu gehen. Die »hochgebaute Stadt« ist der letzte und entscheidende Ort seiner Sendung. Soll die Engelbotschaft auf Bethlehems Feld nicht leer bleiben, muss er diesen Weg antreten. Es ist darum ein Weg der Überwindung. Hier schon musste das Gehorsamswort »Doch nicht mein, sondern dein Wille geschehe« (Lukas 22,42) buchstabiert werden.

Das war besonders dann nicht leicht, als sich Schwierigkeiten auftaten. Wir wissen den genauen Verlauf des Weges nicht. Nach Jerusalem konnte man durchs Ostjordanland oder über Samarien, wofür Jesus sich entschieden hatte. Damit war er judenfeindlichen Einstellungen ausgesetzt. Sie hatten ihre Gründe in der getrennt verlaufenen Geschichte. Als unter den assyrischen Königen Sargon (2. Könige 17,24ff.), Asarhaddon (Esra 4,2) und Asurbanipal Ansiedler aus deren Machtbereich ins Land gebracht wurden, ver-

46

mischten sich die nordisraelitische Kultur und der Glaube der Besatzer. Darum kündigten die später aus Babylon zurückkehrenden Juden den Samaritanern die Glaubensgemeinschaft auf. So kam es, dass die Samaritaner nur die 5 Bücher Mose anerkannten und auf dem Garizim ihre Anbetungsstätte hatten (vgl. Johannes 4,1-42), während die Juden sich glaubensmäßig weiterentwickelten und den Tempel in Jerusalem als Anbetungsstätte beibehielten. Folglich wurde auch der Jude Jesus nicht überall freundlich behandelt, als er durch Samarien zog. Auch das musste überwunden werden.

Schließlich: Sinn und Bedeutung des Weges sind den Jüngern verborgen. Sie haben ein ganz anderes Messiasbild (vgl. Lukas 9,43b-45 und 18,31-34) und wollen darum die Samaritaner strafen. Sie wünschen, Jesus möge als machtvoller König in Jerusalem einziehen. Diese Tatsache sollte uns gegenüber solchen geduldig machen, die mit dem Leiden Christi bis hin zum Kreuz nichts anzufangen wissen. Es ist ein Geschehen gegen alle Vernunft (vgl. Paulus in 1. Korinther 1!), das uns erst vom Heiligen Geist erschlossen werden muss. Das belegen auch die Emmausjünger in Lukas 24.

2. Schritt:
Um den Weggedanken zu vertiefen, unterhalten wir uns über Wege, die Menschen freiwillig oder per Verordnung gehen.

a) Es gibt Wege, die leicht zu bewältigen sind und an deren Ende etwas Schönes erlebt wird. Beispiele: Wir fahren mit dem Zug oder fliegen an einen schönen Ort und erleben einen wunderbaren Urlaub. Wir fahren mit dem Taxi ins Theater, ins Konzert, zu einer Party, und es ist so schön, dass wir am liebsten alle Menschen bei uns hätten, die wir lieben (hier können Berichte der Teilnehmer einfließen!).

b) Es gibt auch Wege, die leicht zu bewältigen sind, an deren Ende jedoch Schlimmes steht. Man fliegt in den Urlaub, freut sich und verunglückt dann. Menschen begleiten Angehörige auf einen Weg, und es wird ein Abschied für immer, so geschehen für viele Deutsche beim Absturz der Chartermaschine vor der Dominikanischen

Republik 1995. Oder: Jemand geht mit »fliegenden Fahnen« in die Ehe oder in einen Beruf und erlebt ein große Entäuschung.

c) Es gibt Wege, die schwer zu bewältigen sind, an deren Ende aber etwas Beglückendes steht, so dass die vorherigen Strapazen von der überwältigenden Freude verdrängt werden. Eine Fußballmannschaft geht den beschwerlichen Weg zur Meisterschaft. Junge Menschen setzen ihre Kraft ein und erreichen ihr berufliches Ziel. Menschen flüchten mit wenigen Habseligkeiten und retten ihr Leben in eine neue Heimat. Hier können wieder alle Teilnehmer Beiträge bringen.

d) Schließlich gibt es auch Wege, die schwer zu gehen sind und die schließlich in den Tod führen. Beispiele: Menschen, die im Dritten Reich unter vielen Entbehrungen ihren Weg im Widerstand gegen das Dritte Reich gegangen und im KZ umgekommen sind. Etwa Pater Kolbe, Pastor Schneider, Dietrich Bonhoeffer, viele andere aus Parteien oder anderen Organisationen. Auch viele jungen Menschen, die als Soldaten ihr Bestes gegeben haben und denen nichts übrig blieb, als unter bittersten Bedingungen zu sterben. Ich denke an die Stalingrad-Kämpfer, aber auch an die vielen anderen, die durch eine verlogene Politik auf einen für sie tödlichen Weg gestellt wurden. Auch dazu gibt es gewiss eigene Erfahrungen. Wir sollten sie hören.

e) Nach diesen Wegskizzen wäre herauszuarbeiten, dass die meisten Menschen wohl so angelegt sind, den leichteren und erfolgreicheren Weg zu gehen. Der schwere Weg wird im besten Falle um eines großen Gewinns willen auf sich genommen. Nur wenige nehmen einen Weg auf sich, bei dem für sie nichts zu gewinnen ist. *Was ist es, das sie einen für sie wenig erträglichen Weg gehen lässt?* Etwa: Wenn jemand einem kranken Menschen beisteht, ihm über Jahre Essen bringt und ihn begleitet. Wenn jemand sich für einen Menschen einsetzt, der in Gefahr ist. Unter Einsatz des Lebens sind Menschen vor dem Ertrinken oder vor einem anderen Tod bewahrt worden. In dieses Gedankenfeld gehört auch der Weg Jesu nach Jerusalem. Wo lag die Antriebsfeder zu diesem Weg bei ihm?

Wir schließen mit einem der oben vorgeschlagenen Lieder oder nur mit einem Gebet.

Treffen in der Woche nach dem Sonntag Sexagesimae (Thema: Dietrich Bonhoeffer)

Beim heutigen Treffen knüpfen wir an das an, was wir das letzte Mal mit dem Weggedanken erarbeitet haben. *Wir wenden uns einem zu, der sich nach Berlin wandte und damit – seinem Herrn ähnlich – auch ins Leiden und in den Tod ging.* Es geht um Dietrich Bonhoeffer.

Erster Teil

Wie bisher mit Kaffee, Informationen, Eröffnung mit einem Lied nach Wunsch und Tischgebet.

Zweiter Teil

Notwendige Literatur: Begegnungen mit Dietrich Bonhoeffer, herausgegeben von Wolf-Dieter Zimmermann, und *Vergangen, erlebt, überwunden*, herausgegeben von Sabine Leibholz-Bonhoeffer.[14] (Text aus dem Buch von Zimmermann ist in unserm Buch S. 148 abgedruckt.)

Verlauf des zweiten Teiles:
Singen einiger Verse des Liedes »Ich steh in meines Herren Hand«, EG 374, oder »Wohin soll ich gehn? Herr, ich frage dich«, Mundorgel, oder eines anderen Liedes.

Einleitung:
1939 ist der Theologe Dietrich Bonhoeffer aufgrund seiner Beziehungen zu ausländischen Freunden in den USA. Hier hätte er das Ende des Krieges abwarten können. Sein damaliger Freund Henry Smith Leiper erzählt in dem Buch »Begegnungen mit Dietrich Bonhoeffer« auf den Seiten 86 f., wie Bonhoeffer das ablehnte. Stattdessen folgte er den Bitten seiner Freunde, die ihn nach Deutschland zurückriefen.

Lesen:

Nach der kurzen Einleitung lesen wir den Bericht von Henry Smith Leiper von »Wie groß war nun meine Überraschung . . .« auf S. 86 bis ». . . wissen wir heute nur zu gut« auf S. 87.

Dietrich Bonhoeffer wusste, was ihm bevorstand, aber er ging den schweren Weg.

Wer war Dietrich Bonhoeffer? Seine Zwillingsschwester Sabine Leibholz-Bonhoeffer hat in ihrem Buch »Vergangen, erlebt, überwunden« das Schicksal der Familie Bonhoeffer beschrieben und dabei auch jeweils eine Kurzbiographie ihrer Geschwister gegeben, auf den Seiten 52-66 die Biographie ihres Bruders Dietrich.

Vorstellung der Biographie von Dietrich Bonhoeffer nach Sabine Leibholz-Bonhoeffer.

(Ich empfehle, diese Kurzbiographie nochmals zu kürzen, indem man gewisse Teile erzählend zusammenfasst oder beim Lesen auslässt und so zu Stoff für eine halbe Stunde kommt. Vorbereitung rechtzeitig beginnen.)

Wenn das nicht möglich ist, muss rechtzeitig ein Referent gesucht werden, der eine Bonhoeffer-Biographie erzählt und dabei auch besonders auf die Entscheidung Bonhoeffers eingeht, aus den sicheren USA nach Deutschland zurückzukehren.

Sollte noch Zeit bleiben, könnte ein Gespräch zur Frage »War der Entschluss Dietrich Bonhoeffers, nach Deutschland zurückzukehren, richtig oder falsch?« geführt werden. Abschließen könnte man alles mit dem Lied oder dem einfachen Lesen des Gebetes »Von guten Mächten treu und still umgeben«, EG 65.

Treffen in der Woche nach dem Sonntag Estomihi (Thema: Nachfolge und Heilung)

Erster Teil

Wie immer.

Zweiter Teil

Das heutige Treffen kann unter der Überschrift *» Unterwegs nach Jerusalem mit Worten und Taten zum Reich Gottes«* stehen.
Hilfsmittel: Tafel.
Ablauf:
Lied »Ich weiß, woran ich glaube«, EG 357, V. 1, 2 und 4, oder ein anderes Lied zum Thema »Nachfolge«.
Lesen von Lukas 9,57-62 und 13,10-17.

Gespräch

1. Schritt:
Kurzer Hinweis, dass Jesu Weg nach Jerusalem kein Schweigemarsch gewesen ist. Vielmehr hat er unterwegs mit Worten auf das Reich Gottes hingewiesen, es mit seinen Taten angezeigt und mit dem Ruf zur Nachfolge in das Reich Gottes hereingerufen.

2. Schritt:
Der erste Text führt uns zum Thema Nachfolge. Hier sollte man mit den Anwesenden ein Gespräch über Nachfolge führen. Dabei kann man von der Frage ausgehen: »Was verstehen wir unter Nachfolge?« Die Beiträge sollten für alle sichtbar mit Stichworten an der Tafel festgehalten werden.

Eventuell lassen wir Nachfolge von zwei Senioren *demonstrieren*. Eine Person geht von Punkt A durch den Raum zu Punkt B. Eine andere folgt ihr. Sie geht ihr hinterher. So ist es bei Jesus und seinen Jüngern auch gewesen. Sie gingen mit ihm, lebten mit ihm in einer Gemeinschaft und lernten von ihm. Darauf deutet auch der Jüngerbegriff hin. Solche Gemeinschaft von Lehrenden und Lernenden hat es noch lange nach Jesus gegeben. Auch Luther lebte mit seinen Studenten noch in Gemeinschaft.

Heute vollzieht sich Nachfolge Jesu im Glauben, nicht im Schauen. Indem wir an Jesus glauben, richten wir unser Leben nach seinen Worten aus und folgen ihm in einer geistigen Gemeinschaft, die in unserem Alltag konkret wird.

Nachfolge ist notwendig, wenn Jesus der Heilsbringer ist, worauf uns das ganze Lukasevangelium hinweist. Man denke an das Engelwort auf Bethlehems Feld. Man denke an Jesu Predigt in der Synagoge zu Nazareth (4,16ff.), an die Kundgabe seines Selbstverständnisses (19,10).

Unser erster Text erzählt zunächst von einem Menschen, der anscheinend von Jesus begeistert ist. Wodurch kann eine solche Begeisterung entstanden sein? Wieder alle mitdenken lassen! (Vielleicht haben ihm Jesu Reden und Taten gefallen? Vielleicht hat er in seinem Auftreten sogar Gott gespürt?) Wir sind froh, wenn einer mit solchem Anliegen zu uns kommt. Jesus ist indessen zurückhaltend. Wenn nicht klar ist, wer Jesus ist, wird dieser begeisterte Nachfolger nicht durchhalten. Weiß er, dass er es mit einem Ungesicherten zu tun hat? Darum also der Ruf in die Besinnung: Prüfe deinen Entschluss angesichts meines Weges! Wer mit mir geht, der wird um *meinetwillen* vom Leiden auch nicht verschont.

Der Text erzählt dann weiter, dass nun Jesus einen Menschen in die Nachfolge ruft. Und wenn er ruft, dann ist diesem seinem Ruf nichts entgegenzusetzen. Auch die Pietät vor dem Tod nicht. Er ist mehr als der Tod. Er ist der Herr auch über den Tod. Und darum soll der Gerufene folgen und das Reich Gottes verkündigen.

Ein Dritter schließlich will zwar folgen, aber er »wackelt« noch etwas. Er ist noch nicht ganz entschlossen. Dem gilt: Wie der Bauer konsequent nach vorne schauen muss, wenn seine Furche gerade werden soll, so muss sich auch der Nachfolgende konsequent nach dem ausrichten, der ihm vorweggeht.

Zusammenfassend: Unterwegs nach Jerusalem ruft Jesus zu einer *klaren* Nachfolge und damit schon zur Teilhabe am Reich Gottes. Unklarheit führt immer zu einem Dilemma. Genau das sehen wir heute weithin im Leben unserer Kirchen. Eventuell auch bei uns persönlich? Wenn das der Fall ist – was ist der Grund für diese Unklarheit? Vielleicht weiß mancher gar nicht, was Nachfolge, was Glaube ist.

3. Schritt:

Der zweite Text macht uns mit einer Heilung am Sabbat bekannt. In einer jüdischen Umgebung geht es bei diesem Heilungsbericht vornehmlich um den Anspruch Jesu, »mehr als der Sabbat« zu sein. Er zeigt zugleich aber auch die Barmherzigkeit und Liebe Jesu zum Menschen. Jesus lässt die Leidenden nicht warten.

Es könnte die Frage auftreten: Birgt das Handeln Jesu nicht dennoch Lieblosigkeit, weil viele andere ja weiter im Leiden bleiben? Warum wird nur die eine Frau geheilt? Die Antwort kann nur sein: Indem Jesus ab und zu einen Menschen heilt, zeigt er auf das kommende Reich Gottes in Vollendung. *Was an diesem Einzelfall geschieht, wird eines Tages für alle Wirklichkeit sein.*

Den Schluss bildet ein Liedvers oder nur das gemeinsame Vaterunser.

Treffen in der Woche nach dem Sonntag Invocavit (Film zum Leben Jesu, Teil 1)

Mit diesem Treffen befinden wir uns am Anfang der Passionszeit, in der in unseren Gottesdiensten das Leiden Christi im Mittelpunkt steht. Auch in unseren Seniorentreffen wollen wir einen Versuch in dieser Richtung unternehmen. Das erscheint sinnvoll, weil das Leiden Christi oft leider nicht als »für uns«, als ein befreiendes Tun Gottes verstanden wird.

Erster Teil

Eröffnung mit einem Loblied (nicht mit einem Passionslied), Tischgebet, Kaffee und Informationsbörse.

Zweiter Teil

Technik: Für das heutige und für das nächste Treffen ein Video- und ein Fernsehgerät, dazu die Videokassette »Jesus und seine Zeit« Teil 2 oder einen anderen Jesus-Film.[15]

Wir eröffnen den zweiten Teil des Treffens mit dem Lied »Ein Lämmlein geht und trägt die Schuld«, EG 83, V. 1-2.

Einleitung:

Was wir soeben vom Tragen unserer Schuld gesungen haben, das ist durch den Sohn Gottes nicht erst auf der letzten Strecke seines Lebens hin zum Kreuzestod geschehen. Sein ganzes Leben war auf dieses Tragen der menschlichen Schuld angelegt. Das Kreuz als Schlusspunkt war seine Bestimmung.

Von seinem Weg zum Kreuz erzählt auch der Film »Jesus und seine Zeit«. Wir sehen uns den zweiten Teil an. Er zeigt uns unter dem Untertitel »Reise durch das biblische Land« Ortschaften, in denen Jesus gepredigt und geheilt hat. Der Filmstreifen läuft etwa eine knappe Stunde.

Wir zeigen nun den eingelegten (und möglichst auch schon einmal angesehenen) Film, der keinen Kommentar braucht. Er spricht für sich.

Schluss:

Nach dem Ansehen des Films kann noch ein kurzes Gespräch stattfinden. Ansonsten Lesen eines kurzen Textes aus dem Neuen Testament, zum Beispiel Markus 2,1-12, dann das gemeinsame Vaterunser.

Treffen in der Woche nach dem Sonntag Reminiscere (Film zum Leben Jesu, Fortsetzung)

Die Passion Jesu zeigt sich zutiefst in seinem Sterben auf Golgatha. Dort geschah seine letzte Tat »für uns«. Dorthin führt uns der dritte Teil des Films »Jesus und seine Zeit«, der mit dem Untertitel »Die letzten Tage im Leben Jesu« überschrieben ist.

Erster Teil:

Wie in der Woche zuvor den ersten Teil des Treffens nicht mit einem Passionslied beginnen. Sonst wie immer.

Hinführung durch das Passionslied »Jesu, meines Lebens Leben«, EG 86,1-3.

Danach den dritten Teil des Films unter dem Titel »Die letzten Tage im Leben Jesu« ankündigen und sofort den Film zeigen. Er dauert 55 Minuten.

Es empfiehlt sich nach dem Anschauen dieses Filmstreifens kein Gespräch, weil der Film eine so eindrückliche Sprache spricht, dass man erst einmal alles verarbeiten muss.

Schluss:
Es sollte nur noch das Vaterunser gebetet werden.

Treffen in der Woche nach dem Sonntag Oculi (Thema: Fasten)

Die drei großen Feste der Christenheit haben eine Konzentration auf das Gefeierte durch Fasten hervorgebracht. *Das Fasten während der Passionszeit soll darum auch im heutigen Seniorentreffen bedacht werden.*

Fasten hängt nach dem dtv-Lexikon[16] mit »fest« zusammen. Durch Fasten soll etwas gefestigt werden – eine durchaus überzeugende Interpretation des Wortes.

Das Thema ist uferlos, weil Fasten in allen Kulturen und darum auch in allen Religionen bekannt ist. Man schaue nur in einige Lexika!

Ich gebe hier kurz wieder, was das Evangelische Kirchenlexikon[17] zum Fasten im Neuen Testament sagt. »Im NT ist nur sehr wenig vom F. die Rede. Jesus fastete vierzig Tage in der Wüste als Vorbereitung auf seine messianische Tätigkeit. Er ist aber frei von asketischer Ängstlichkeit und wird von den Pharisäern als Schlemmer und Weintrinker bezeichnet (Mt 11,19). Doch Jesus kennt und schätzt das F. . . . (Mt 6,17). In der Apostelgeschichte wird das

Fasten als Vorbereitung zur Aussendung von Missionaren und zur Einsetzung von Ältesten erwähnt (Act 13,2f.; 14,23). Schon bald setzt sich in der frühen Kirche eine breitere Praxis des F.s durch. Die Frommen fasteten am Mittwoch und Freitag in Erinnerung an Jesu Passion. Das F. als Vorbereitung auf Ostern entwickelte sich um 300 zur vierzigtägigen F. zeit, später entstanden noch weitere F.zeiten (Pfingstf., Apostelf., Adventsf., Quartemberf.). Große Bedeutung erlangte das F. bei den Mönchen. Diese enthielten sich von Fleisch, Fisch und Wein, sie aßen erst nach der neunten Stunde, viele sogar nur jeden zweiten Tag. F. war eine der wichtigsten asketischen Übungen.«

Um irgendwo bei diesem Thema anzufangen, könnten wir es uns leicht machen und einen Arzt oder einen Ernährungsexperten einladen, die uns ganz gewiss das Fasten aus ihrer Sicht als sinnvoll erklären würden. Ich schlage vor, nicht gleich einen Experten zu holen, sondern allein zusammenzutragen, was wir zum Fasten wissen. Die Experten können dann immer noch folgen. Sie werden dann ganz anders gehört und verarbeitet werden.

Arbeitshilfen: Tafel und Schreibzeug.

VERLAUF

Erster Teil

Lied, Kaffee, Informationen, eventuelles Geburtstagsgedenken.

Zweiter Teil

Lied »Lasset uns mit Jesus ziehen«, EG 384, V. 1-2, oder ein anderes Lied, das vom Beten oder gar vom Fasten handelt. Das vorgeschlagene Lied führt insofern zum Thema, als Jesus ja (siehe oben!) gefastet und gebetet hat.

Gesprächsverlauf

1. Schritt:

Wir fragen, ob jemand schon einmal gefastet hat oder einen Menschen kennen gelernt hat, der gefastet hat oder noch fastet. Das lädt zur Beteiligung aller ein und bringt uns der zu verhandelnden Sache auf einfache Weise nahe. Und vielleicht lassen sich dabei auch schon Gründe für das Fasten entdecken. (Dabei können auch sehr amüsante Erfahrungen wiedergegeben werden. Von einem mir bekannten pensionierten Kollegen wurde erzählt, er faste einmal im Jahr 30 Tage hintereinander, äße aber hinterher wieder sehr viel. War da nicht alle Mühe umsonst?) Damit könnten wir zu einem nächsten Schritt übergehen.

2. Schritt:

Sammlung von Fastenmotiven. Man kann aus *Gesundheitsgründen* fasten. Bekannt ist das »Abspecken«, das man an einem Tag oder zwei Tagen nur mit kargen Reis-, Obst- oder Saftmahlzeiten durchführen kann. Wer die eingesparten Essenskosten für einen ganzen Tag anderen Menschen zur Verfügung stellt, ist schon beim *sozialen Fasten.*

Bekannt ist auch das *politische Fasten*, bei dem Menschen im politischen Lebensraum eine Veränderung erreichen wollen (»Hungerstreik«). Das Aushungern des Körpers soll die politischen Ziele mit Nachdruck unterstreichen, andere Menschen solidarisieren und so den politischen Gegner unter Druck setzen. Hier wäre an Mahatma Gandhis Fasten zu erinnern, mit dem er zur Selbstständigkeit Indiens beigetragen hat.

Bekannt ist das *Fasten als Zeichen der Buße.* Man denke an die Bürger Ninives nach der schließlich doch erfolgten Predigt Jonas. Sie riefen ein Fasten aus (3,5ff.).

Man kann fasten, *um besser zu meditieren.* Der entschlackte Leib fühlt sich leichter, leichter auch der Geist.

3. Schritt:

Lesen von Matthäus 4,1-2 und 6,16-18. Beide Texte zeigen, dass Jesus das Fasten, das er in Kapitel 9,14 als Trauerzeichen wegen seiner Gegenwart abgelehnt hat (wenn der Bräutigam da ist, dann ist Freudenzeit!), sehr wohl gekannt hat.

Fasten ist *Zeitgewinn* für die Gemeinschaft mit Gott. Wer fastet, enthält sich von der Besorgung und Zubereitung von Speisen und gewinnt allein dadurch schon mehr Zeit zum Beten. Wer fastet, kann zu vertiefter Glaubenserfahrung finden. Indem Fasten zu mehr Zeit für und zu mehr Konzentration auf Gott führt, wird Fasten im Verbund mit dem Gebet auch zur *Waffe*. Das schließt Matthäus 4,1-2 ein.

An dieser Stelle kann schon übergeleitet werden zum Brauch des *Passionsfastens*. Im Passionsfasten wird das Leiden Christi bedacht. Wie das *praktisch* aussehen kann, müsste nochmals geklärt werden (vgl. zum Beispiel die Aktion »Sieben Wochen ohne« in der evangelischen Kirche[18]).

Damit kommt noch einmal ein anderes Motiv in den Blick: das *Fasten zur Selbstfindung*. Indem der Mensch nämlich das Leiden Christi bedenkt (das ja ein Leiden »für uns« ist), findet er zur tiefsten Erkenntnis über sich selbst.

Damit käme auch ein »Festigen« der menschlichen Identität im Gegenüber zu Gott und zu Menschen zustande, wie Fasten das ja auch bewirken soll (siehe oben!). Das scheint heute nötiger denn je, wenn man bedenkt, was alles am Menschen, an seiner Seele, an seinem Geist und an seinem Leib zerrt, was alles ihn zerstückelt und auflöst.

Das wird deutlich, wenn wir den täglichen Ablauf unseres Lebens analysieren, wenn wir festhalten, was wir tun sollen, wollen und müssen. Dabei kommen die Anforderungen im Beruf und in der Freizeit in den Blick: die Fahrt zur Arbeit, über die Autobahn, das Fernsehen, das Radio, alle uns überfordernden Nachrichten, die unterhaltenden Programme, unsere Sorgen um das tägliche Brot, um die Kinder usw. Dabei wird deutlich, woraus sich unser Leben zusammensetzt. Wie wäre es, wenn wir uns von dem allen bis auf ein Minimum enthielten? Fasten ist ja nicht nur auf Essen und Trinken zu beziehen! Vielleicht würde der Kern unseres Mensch-seins sichtbarer und fester und wir würden freier für die Begegnung mit Gott.

Anregung:
Wären einige bereit, nach ärztlicher Befragung und unter ärztli-cher und geistlicher Begleitung zwei oder drei Tage zu fasten? Und wären sie auch bereit, die dabei gemachten Erfahrungen an Leib, Seele und Geist festzuhalten und sie allen zu berichten?
Wir schließen das Gespräch mit einem Gebet.

Treffen in der Woche nach dem Sonntag Laetare (Thema: Bach, Matthäuspassion)

Wird uns zum einen durch das Fasten die Passion Jesu näher ge-bracht, so vermag das die Kunst wieder in einer ganz anderen Wei-se. Darum sollen beim heutigen Treffen Teile der Matthäus-Passion von Joh. Seb. Bach zu Gehör gebracht werden. Das ergibt auch ei-nen Kontrast zum letzten Treffen.

Technisch kann das durch das Abspielen einer CD bewältigt wer-den. In jedem Fall sollte ein gutes Wiedergabegerät zur Verfügung stehen.

Damit die Konzentrationsfähigkeit der Teilnehmer nicht über-fordert wird, sollte das Musikangebot nicht länger als eine halbe Stunde dauern. Die verbleibende weitere halbe Stunde kann einer-seits dafür verwendet werden, um etwas zum Komponisten zu sa-gen, andererseits, um die gesungenen Evangelientexte zu lesen und die Arien und Choräle wenigstens dem Titel nach anzukündigen.

Für die kurzen Hinweise auf Joh. Seb. Bachs Leben kann man den zuständigen oder einen anderen Kirchenmusiker bitten oder auch selbst aus einer Bach-Biographie vorlesen oder erzählen. Ich empfehle dazu aus der Reihe »Rowohlt Monographien« den Band über Johann Sebastian Bach von Martin Geck[19]. Wer nicht das ganze Buch lesen will, der schaue nur in die Zeittafel auf den Seiten 149 ff. und fasse diese zusammen.

VERLAUF:

Erster Teil

Wie immer.

Zweiter Teil

1. Schritt:
Da wir heute viel Musik hören, singen wir kein Lied zur Überleitung, sondern befassen uns sofort mit einer kurzen Darstellung des Bachschen Lebens – mit besonderer Hervorhebung der Matthäus-Passions-Aufführung am Karfreitag, dem 15. April 1729. Diese Vorstellung darf nicht mehr als 15 Minuten dauern.

2. Schritt:
Vorlesen der gesungenen Texte aus dem Evangelium und Ankündigung der anderen Gesänge.

3. Schritt:
Musik.
   Wir schließen diesen Nachmittag mit dem Vaterunser.

Treffen in der Woche nach dem Sonntag Judica (Thema: Menschliches Leiden)

Der Sonntag Judica befasst sich inhaltlich mit der Rettung des Menschen. Davon spricht auch der Wochenspruch dieser angebrochenen Woche: »Des Menschen Sohn ist nicht gekommen, dass er sich dienen lasse, sondern dass er diene und gebe sein Leben zu einer Erlösung für viele« (Matthäus 20,28) Die »Vielen« sind alle Menschen.[20] Damit sind wir bei der tiefsten Bedeutung der Passion Jesu. Gott steht mit dem Leiden des einen gegen das Leiden der vielen, auf, mit dem Leiden des einen gegen das Leiden aller Menschen. (Jesaja 53! Heilen kann ja nur etwas, was nicht heil ist.)

Unter den Menschen gibt es nun aber noch einmal jene, die sich von dem Leiden aller durch ihr spezielles Leiden unterscheiden. Dieses spezielle Leiden von Menschen sollten wir zum Thema unseres Treffen machen.

Arbeitshilfe: Tafel.

Erster Teil

Wie immer.

Zweiter Teil

1. Schritt:

In einem ersten Gedankenschritt versuchen wir die *Ursachen von Leiden* zu erkennen.

Wir nehmen wahr, dass es *unverschuldetes Leiden* gibt. Wenn jemand mit einer Behinderung geboren wird, wenn jemand durch einen unverschuldeten Unfall eine Behinderung davonträgt oder durch Erkrankung oder Krieg ins Leiden geführt wird. Ein solcher Mensch leidet in doppelter Weise: an seinem Leiden und an der Frage, wieso ihm das auferlegt ist.

In einem nächsten Gedanken versuchen wir *selbst verschuldetes Leiden* zu erfassen. Dabei gilt es, sich jeglicher Verurteilung zu enthalten. Selbst verschuldete Leiden gehen zurück auf ein fahrlässiges Verhalten gegen sich selbst. Wer seinem Leib zu viel Falsches zumutet (zum Beispiel in der Ernährung, im Genuss, in der Belastung), der darf sich nicht wundern, wenn er ins Leiden kommt.

Schließlich gibt es auch *gesellschaftlich verschuldetes Leiden.* Wenn aufgrund hoher Erwartungen und versäumter oder falscher politischer Entscheidungen Menschen an den Rand ihrer Kraft und damit ihrer physischen Existenz geraten, dann bedeutet das Leiden. Ebenso, wenn aufgrund von Engpässen auf dem Arbeitsmarkt, die komplexe übernationale Ursachen haben, die Lebensmöglichkeiten eingeschränkt werden, die Wohnung und anderes nicht mehr bezahlt werden kann.

2. Schritt:

In einem zweiten Gedankenschritt versuchen wir zu erfassen, *was das Leiden ausmacht.*

Leiden ist ja nicht nur Schmerz. Leiden führt zum Verlust von Möglichkeiten dessen, der nach Gottes Bild ja »wenig niedriger als Gott« gemacht wurde (Psalm 8,6). Wer stumm ist, wird leiden, dass er weder zu Menschen noch zu Gott reden kann, wie alle anderen um ihn das können.

Dieses Verlieren von Fähigkeiten führt zur *Einschränkung von an sich für den Menschen vorgesehenem Dasein,* von Lebensqualität. Dass man nicht sein kann, wie die meisten Menschen sein können, das führt ins Leiden.

Noch größer wird die Einschränkung von Lebensqualität durch die Aussicht auf den sicheren Tod. Dass der Mensch auf sein Ende zueilt, führt ins Leiden. Damit steht der Mensch vor der *Sinnfrage* dieses Lebens.

3. Schritt:

Wir suchen nach *Antwort auf das Leiden aus dem Evangelium.*

Jesus preist die Leidenden »selig« (Matthäus 5,4). Nicht, weil er dem Leiden einen Sinn abgewönne! Er ist gegen das Leiden. Er spricht die Seligpreisung aus, weil er Trost für die Leidenden sieht. Vielleicht jetzt schon durch die Zuwendung durch ihn oder durch die Zuwendung von anderen Menschen. Sicher aber, »wenn das Vollkommene kommen wird« (1. Korinther 13,10). Jenes Vollkommene, das er im Leiden erstritten hat.

Empfehlung: Auch für Senioren kann das bedeuten, dass sie sich leidenden Menschen zuwenden. Vielleicht dadurch, dass sie Verbindung zu Einrichtungen aufnehmen, die es mit leidenden Menschen zu tun haben, und Mitarbeiter zu sich einladen, um von ihrer Arbeit zu erfahren, etwa von der Arbeit mit *Obdachlosen.*

Der *Ablauf* eines solchen Treffens könnte etwa so aussehen:

1. Schritt:
Nach einer kurzen Begrüßung lassen wir uns von Sozialarbeitern über Initiativen in der Arbeit mit Obdachlosen berichten, wie besonders zur Winterzeit Obdachlose aufgesammelt, verpflegt und untergebracht werden. Dabei kommen auch Misserfolge zur Sprache.

2. Schritt:
Wir stellen unsere Fragen.

3. Schritt:
Vielleicht könnten auch Betroffene, also Obdachlose oder einstige Obdachlose, eingeladen werden. Sie können von eigenen Erfahrungen berichten. Wie sie in die Obdachlosigkeit gekommen sind, wie es ihnen ergangen ist, vielleicht auch, wie sie wieder herausgekommen sind.

4. Schritt:
In einem letzten Gedankenschritt könnte nach unserem Beitrag gefragt werden. Etwa: Sollten solche Kontakte wiederholt werden? Sollten sie ausgebaut werden? Sollte ein Raum für eine Unterbringung zur Verfügung gestellt werden? Mindestens wäre eine finanzielle Unterstützung derer möglich, die schon etwas tun.
    Wo keine Kontakte zu Obdachlosen möglich sind, gibt es eventuell Kontakte zu Rheumakranken oder anderen Menschen, die leiden. Eventuell könnte man auch einen Besuch in einem Heim

abstatten oder Menschen zu einem gemeinsamen Kaffeetrinken einladen.

Zum Schluss gemeinsam das Vaterunser beten.

Treffen in der Woche nach dem Palmsonntag (Thema: Das Kreuz Christi)

In der Woche nach Judica haben wir auf den leidenden Menschen geschaut, weil Gottes Liebe ihn auch angeschaut hat; angeschaut vor allem im Leiden Jesu. Zu diesem Thema gibt es eine Fülle an Äußerungen. Dem interessierten Mitarbeiter in der Seniorenarbeit, der sich umfassender zum Leidensthema informieren möchte, empfehle ich die gut lesbare Abhandlung dazu in der Dogmatik von Wolfgang Trillhaas[21] oder die kleine Meditation des katholischen Theologen Karl Rahner »Was heißt Auferstehung?«[22]. Wer sich viel zutraut, der sei auf Jürgen Moltmanns Buch »Der gekreuzigte Gott« hingewiesen.[23] Dieses Buch führt den Untertitel »Das Kreuz Christi als Grund und Kritik christlicher Theologie«.

In der Tat: Auf das Kreuz Christi, das als Begriff für das Leiden Christi steht, kommt es an. Dazu lohnen sich auch Gespräche im Seniorenkreis. Diese könnten auf verschiedene Weise geführt werden.

Möglich wäre eine *Textbetrachtung* zu Markus 15,20-40. Folgende Gedanken könnten eine Unterstreichung erfahren: Da trägt Simon von Kyrene Jesus das Kreuz. Man kennt seine Söhne noch in der Gemeinde. Sie sind durch diese Tat des Vaters besondere Personen in der Gemeinde. Oder: Da fällt der Platz Jesu unter Verbrechern auf. »Schrifterfüllung«, sagt Markus. Nicht, um letzlich auch damit anzudeuten, dass hier einer ist, der nach Lukas das Verlorene suchen soll (Lukas 10,19)? Und dann der Spott und die Sicherheit der Frommen! Frömmigkeit, dieses wunderbare Gut, kann zum Fallstrick werden. Diese Erfahrung sollte vorschnelle Verurteilung der hier Spottenden bremsen. Wer dem Juden-Christus-Problem wenigstens etwas gerecht werden möchte, der lese die Überlegungen des Juden Paulus in Römer 9-11. Und schließlich die Auswirkungen des Sterbens, unter denen das Bekenntnis des Hauptmanns die bedeutendste, aber nicht die einzige ist. Viele andere sind gefolgt bis auf den heutigen Tag.

Möglich ist auch ein meditatives Nach-Denken des Passionsliedes »Ein Lämmlein geht und trägt die Schuld«, EG 83. Vorweg kann dazu Jesaja 53 gelesen werden. Dieses prophetische Wort hat das Handeln Jesu vorausgesagt und das Passionslied beeinflusst.

Möglich ist eine *Bildbetrachtung.* Ich empfehle wieder Jörg Zinks »Diabücherei Christliche Kunst«, Bd. 10, Passion II, wo sechs Bildbetrachtungen zur Passionsgeschichte geboten werden.[24]

Gemeinsam bedacht werden kann auch die Predella des Reformationsaltars von Lucas Cranach d. Ä. (zu beziehen bei der Deutschen Bibelgesellschaft, Postfach 810340, 70520 Stuttgart, »Bausteine und Materialien«). Folgende Entdeckungen können gemacht werden:

Da ist die dem Prediger Luther lauschende Gemeinde. Der Prediger gehört ihr an, und zugleich ist er als Prediger ihr auch gegenübergestellt. Einerseits ist er der Gemeinde, andererseits Gott und seinem Gewissen verantwortlich. Nur aus dieser Ver- und Gebundenheit kann anscheinend das Wort kommen, das die Gemeinde hören will, hören muss und hören kann.

Will sie es hören, muss sie ein offenes Ohr und ein offenes Herz haben, muss sie »Acker, Vieh und alle Güter« für eine bestimmte Zeit hinter sich lassen. Damals wie heute. Heute auch noch andere Aufgabenbereiche.

Was zutiefst zu hören ist, ist der Gekreuzigte, der für unsere Sünden gestorben ist. Er ist der Kern des Evangeliums. Er ist die Mitte der Heiligen Schrift. Lucas Cranach hat sehr eindrücklich dargestellt, wie der Prediger von der Basis aller Predigt, der Bibel, zum Hinweis auf den Gekreuzigten kommt. Die ruhende Hand Luthers auf der Bibel macht die Bindung an die Heilige Schrift deutlich. Die auf Christus weisende Hand symbolisiert die Verkündigung.

Bei dieser Betrachtung können alle mitmachen, wobei es von

Vorteil wäre, wenn jeder Gesprächsteilnehmer die Predella farbig vor sich hätte.[25]

Schließlich kann etwas zum Kreuzesgeschehen gelesen werden, zum Beispiel der erste Teil der oben genannten Meditation Karl Rahners, wo der Tod des Menschen und der Tod Jesu besonders bedacht werden. Daran kann sich nach der Lesung ein Gespräch anschließen.

Ich biete hier *eine Besinnung zum Kreuz* an.

Arbeitshilfen: eine Tafel, ein Kreuz (vielleicht aus der Kirche, einer Kapelle oder aus einem Predigt- oder Andachtsraum auszuleihen), ein Klavier (und natürlich auch ein Musiker) oder ein CD-Player, um Bachsche oder andere Musik hören zu können, die Raum zum Meditieren gibt.

1. Schritt (höchstens 15 Minuten!):
Ganz locker tragen wir zusammen, wo wir in unserem Lebensbereich ein Kreuz finden (zum Beispiel als Schmuck an einer Halskette, auf Kirchen, auf Gräbern, auf Büchern, an Straßen, wo es zu einem tödlichen Unfall gekommen ist, auf Berggipfeln, auf Postkarten, in Schulen usw.).
Es folgt nun ein Gespräch über Gründe für den Gebrauch dieses Zeichens. Warum trägt man ein Kreuz am Hals? Warum stellt man es auf eine Kirche? Warum auf einen Berg? Warum bringt man es in eine Schule? Der Hintergrund ist ja wohl: Unsere Kultur ist christlich beeinflusst. Nur so wird der Gebrauch dieses Zeichens verständlich.

2. Schritt (höchstens 5-7 Minuten!):
Lesen des Textes 1. Korinther 1,17-18 und kurze Kommentierung, etwa so: Im »Wort vom Kreuz« fasst der Apostel sein Verständnis vom Evangelium zusammen. Das Kreuz ist für ihn das Zentrum. Er hat verstanden, dass der Mensch unrettbar verloren ist und einen Erlöser braucht.

Heute wird manchmal behauptet, dass Paulus die Verkündigung Jesu in diesem Punkt geändert und seine eigene Theologie dafür eingesetzt habe.

Diese Sicht stammt auch nicht von ihm. Er hat sie (siehe dazu 1. Korinther 15,1-4) von anderen Christen empfangen.

Auch Jesus hat das Kreuz vorher gesehen, zumindest den Tod, festgehalten in den Leidensankündigungen und auch beim Passamahl (Markus 14,22ff.): »Das ist mein Leib, das ist mein Blut«, das für die vielen vergossen wird. Das waren Worte beim Passamahl, die über das Vertraute, das in allen Familien an diesem Abend gesprochen wurde und womit man sich an das rettende Handeln Gottes in Ägypten erinnerte, hinausgingen.

Seit Jesus ist das Kreuz Gütezeichen des christlichen Glaubens. Für viele nicht mehr bewusst, aber selbst als Schmuck erinnert es den Wissenden noch an seine Erlösung und damit an seine Befreiung.

Musik.

3. Schritt (etwa 30 Minuten):

Wir stellen nun für alle sichtbar ein Kreuz auf, schauen es an und versuchen, am Kreuz unsere Entdeckungen zu machen, etwa so:

Das Kreuz besteht aus zwei Balken. *Beide* machen das Kreuz.

Der Querbalken für sich allein kann als Minuszeichen für alle Defizite unseres Lebens gesehen werden. Für Leere, Hass, Schuld, Scheitern, das unausweichliche Ende allen Lebens und darum auch für Hoffnungs- und Sinnlosigkeit. Es kann auch für negatives Denken und Handeln stehen. Wie oft wird dieses Minuszeichen zum Vorzeichen in der Beurteilung anderer Menschen oder der eigenen Person.

Aber nun ist da zum horizontalen Querbalken, den man sich in der Verlängerung als die Erde und die Menschheit umspannend vorstellen kann, noch der andere Balken, der vertikale, der den horizontalen Balken trägt.

Dieser Balken kreuzt den anderen Balken, macht aus dem Minus ein Pluszeichen und zeigt an, dass Defizite sich wandeln können.

Man kann es auch so sagen: Wenn meine Augen nur an dem horizontalen Balken des Kreuzes entlanggehen, wenn sie nur den Horizont dieser Welt entlangfahren, dann drückt die Bewegung meines Kopfes ein Nein aus. Für diese Welt sogar ein verständliches Nein. Wenn wir diese Welt anschauen, dann können wir nur mit dem Kopf schütteln über viele Ungereimtheiten. Erst die andere Bewegung von oben nach unten und wieder nach oben ergibt ein Ja. Erst wenn ich diese Welt sehe und Gott, sein Ja zu ihr, ergibt das ein Kreuz, ein Kreuz im Schnittpunkt von Ja und Nein, das Kreuz – Sinn und Verheißung des Lebens, weil es den liebenden Gott und die heillose Welt zusammenbringt und das auch unser Ja zu ihr und zu uns erleichtert.

Musik.

Wir sagten in unserer vorangegangenen Überlegung an einer Stelle: Der vertikale Balken trägt den horizontalen. In der Tat. Und dabei spielt es keine Rolle, ob der horizontale Querbalken weiter unten oder ganz unten oder in der Mitte oder ganz oben angebracht ist. Der vertikale Balken, wenn die Erde ihn trägt, wenn sie fest genug ist und nicht nachgibt, trägt auch den Querbalken immer (und da die Erde von einem alten Beter als Schemel Gottes bezeichnet worden ist, müsste sie fest genug für den aufrechten Balken sein, denn wenn Gott auch nur einen Fuß auf seinen Schemel setzt, dann steht er fest).

Allerdings kann der Querbalken nur optimal gehalten werden, wenn dieser gleichgewichtig angebracht ist. Anders gesagt: Wenn der vertikale Balken den Querbalken in seiner Mitte schneidet, so dass die beiden Seiten des Querbalkens gleich lang sind.

Verschieben sich die Seitenlängen, kommt irgendwo der Punkt, da der Querbalken abknickt. Er kann dann nicht mehr gehalten werden. Bedeutsamer Hinweis auf den Menschen! Nur wenn dieser in seiner Mitte gehalten ist, vermag er in aller Unruhe des Lebens zu ruhen, in aller Ungeborgenheit geborgen zu sein. Nur wenn er in der Mitte seiner geistigen, seelischen und leiblichen Existenz gehalten ist, vermag er im Durcheinander des Lebens den verderblichen Kräften zu widerstehen. Nur wenn er in der Mitte seiner Existenz, nicht irgendwo an der Peripherie Heilung erfährt, darf er heil sein, auch wenn es an der Peripherie Verletzungen gibt. Das heile Zentrum strahlt bis an die Peripherie Heilung aus. Nötig ist darum, dass der Mensch bereit ist, sich in der Mitte halten zu lassen, was nur Gott kann.

Musik.

Aber da ist noch etwas: Die beiden Balken bilden dort, wo sie sich kreuzen, eine Mitte. Ob die Balken breit oder schmal sind, immer bleibt der Punkt in der Mitte der sich kreuzenden Balken. Er bleibt selbst dann, wenn wir uns die Balken bis zu einer Linie verdünnt denken, ja, so dünn, dass sie dem Auge nicht mehr wahrnehmbar sind. Der Schnittpunkt bleibt als Mitte der sich kreuzenden Linien.

Erinnert diese Mitte des Kreuzes nicht an die letzte Mitte allen Lebens und allen Seins? Sie ist da und kann nur vom Glauben erfasst werden. Dabei geht es nicht um einen Weltgeist. Es geht auch nicht um ein Prinzip. Es geht bei dieser Mitte um den lebendigen und alles tragenden Gott.

Für Christen wird diese Mitte an der Kreuzesmitte umso mehr sichtbar, als ja Jesus mit seinem Kopf an dieser Stelle hing – Jesus, der mit seinem ganzen Leben bis hin zum letzten Hauch auf diese alles tragende Mitte, Gott, hingewiesen hat. Er durfte es auch erleben, dass diese Mitte allen Seins ihn durch den Tod hindurchführte und so sein Lebenswerk zu einem rettenden Werk für die Vielen werden ließ und ihn zur Mitte von Glauben und Leben machte.

So ist das Kreuz das Zeichen unserer Rettung, Zeichen unseres Glaubens an Christus und Gott, Zeichen für die uns beflügelnde Wahrheit: Nichts kann uns scheiden von der Liebe Gottes, die in Christus Jesus ist, unserem Herrn. Darum ist das Kreuz auch das Echtheitszeichen des Evangeliums und der Gemeinde Christi. Nur wo es hochgehalten wird, ist Evangelium Evangelium und Gemeinde Gemeinde. Und darum müssen wir es auch heute festhalten, heute, da sich Kräfte aufmachen, das Kreuz zu verniedlichen oder als Unmöglichkeit hinzustellen.

Musik.

Den Abschluss bildet wieder das gemeinsame Vaterunser.

Treffen in der Woche nach Ostern (Thema: Ostern – das Loch in der Mauer des Todes)

Ostern wird am ersten Sonntag nach dem Frühlings-Vollmond gefeiert. Es ist das große Lebensfest der Christenheit. Gott hat seinen Christus nicht im Tode gelassen. Er hat ihn – selbst zur großen Überraschung der Jünger – auferweckt, und das hat eine vielfache Bedeutung.

Mit der Auferweckung ist zum Beispiel alles, was Jesus bis zu seinem Tod getan hatte, als im Auftrage Gottes getan bestätigt worden. Wäre er im Tode geblieben, wären seine Predigten, seine Heilungen, seine anderen Taten nicht mehr und nicht weniger von Bedeutung als die anderer Menschen. Vor allem wäre das Kreuz das endgültige Aus seines Lebens und für andere Menschen bedeutungslos. Die göttliche Tat an ihm hat für ihn große Bedeutung.

Schon bevor Paulus Christ wurde, hat es Christen gegeben, die das klar erkannt hatten. Denn in seinem Römerbrief gibt er in Kapitel 1,3f. wahrscheinlich ein christliches Urbekenntnis wieder, nach dem Jesus durch die Auferstehung zum Sohn Gottes eingesetzt worden ist. Aber diese unbegreifliche Tat Gottes hat auch eine große Bedeutung für den Menschen, wenn er sie glaubt. Der 1. Petrusbrief sagt das in Kap. 1,3 ganz deutlich, wenn er Getauften zujubelt: »Gelobt sei Gott, der Vater unseres Herrn Jesus Christus, der uns nach seiner großen Barmherzigkeit wiedergeboren hat zu einer lebendigen Hoffnung durch die Auferstehung Jesu Christi von den Toten.«

Ist Christus auferstanden, werden auch seine Menschen auferstehen. Davon handelt das ganze Kapitel 15 im 1. Korintherbrief.

Unzählig sind die Stellungnahmen dazu in wissenschaftlichen Abhandlungen und allgemein verständlichen Büchern. Es würde den Rahmen dieses Buches sprengen, wollten wir das Fest der Auferweckung in einem breiteren Umfang zu würdigen versuchen. Ostern verdeutlichen, das freilich wollen wir auch bei diesem Treffen.

Erster Teil

Nach einem Osterlied, nach einem einleitenden Grüßen kann, wenn die Zeit es erlaubt, vor dem Tischgebet noch der »Osterspaziergang« aus Goethes Faust (oder ein anderes Gedicht) gelesen werden. Dieser Faust-Part ist zwar nichts Christliches, er ist aber so vielen Menschen bekannt, dass sie ihn immer wieder gerne hören, ja sogar mitsprechen. Und das doch wohl deshalb, weil Goethe in gekonnter Weise die Osterstimmung im Zusammenhang mit dem Naturerwachen wiedergibt. Daran dürfen wir uns freuen.

Zweiter Teil

Arbeitshilfen: eine Tafel. Ein Neues Testament für jeden. Wenn möglich, eine Skizze von der Berliner Mauer, in der ein Loch zu sehen ist, wie es zur Wendezeit 1989 hundertfach zu sehen war, oder ein Dia, das solch ein Loch in der Mauer zeigt, oder wenigstens eine selbst gemachte Skizze mit einem Loch in einer Mauer, ein Loch, durch das Licht fällt.

1. Schritt:
Nach einem weiteren Osterlied, zum Beispiel EG 100 »Wir wollen alle fröhlich sein«, lesen wir den Abschnitt aus 1. Korinther 15,12-28.

In einer kurzen Kommentierung wird erklärt, dass in der korinthischen Gemeinde von einigen Christen anscheinend die Meinung vertreten wurde, es gebe keine Auferstehung der Toten mehr. Man hielt sich als Geistmenschen anscheinend schon für auferstanden. Das verächtliche Fleisch brauche nicht mehr zu interessieren.

Damit hatten diese Korinther in Wirklichkeit die Hoffnung auf ein neues Leben aufgegeben. Der Apostel sieht es jedenfalls so. Für ihn bedeutet diese Haltung die Überzeugung: »Lasset uns essen und trinken, denn morgen sind wir tot«, also totale Wendung ins Diesseits, weil es keine andere Wirklichkeit als die dieser Welt und dieses Lebens gibt.

Es könnte sein, dass er diese Korinther missverstanden hat. Dann hätten wir aufgrund dieses Missverständnisses eine der wichtigsten Äußerungen zum Thema »Tod – Auferstehung, Diesseitshoffnung – Jenseitshoffnung«. Ein hochaktueller Text für unsere Zeit, in der weithin die Anschauung gilt: Mit dem Tod ist alles aus.

Der Apostel sagt etwas anderes. Was er sagt, das wollen wir uns nun verdeutlichen unter dem Thema: *»Ostern – das Loch in der Mauer«.*

2. Schritt:

Wir führen ein Gespräch über die Berliner Mauer. Sie ist allen bekannt und macht Wahrheiten unseres Lebens deutlich. Das Gespräch könnte etwa so laufen: Weiß jemand, wie lange sie gestanden hat? Vielleicht hat sogar jemand am 13. August 1961 in Berlin erlebt, wie über Nacht die Mauer gebaut wurde. Sie sollte einen sozialistischen Staat vor dem Ausbluten schützen.

Sie trennte aber effektiv Familien, Ehen, sich liebende Menschen. Sie trennte Gesellschaften und Staaten. Sie kerkerte Menschen ein, die reisen wollten, die Apfelsinen und Bananen kaufen wollten, die ins KaDeWe wollten, vielleicht nur, um zu sehen, was es alles gibt.

Das hat die Menschen bis in die Gesichtszüge geprägt, die ausdrückten, wie ihnen seelisch zu Mute war. Die Mauer machte das Leben für viele Menschen dunkel. Darum versuchten Menschen die Mauer zu überwinden. Viele bezahlten das mit ihrem Leben.

Auf westlicher Seite wurde sie bemalt.[25] Aber die noch so tiefgründigen Motive, die noch so schreienden Farben, die noch so klagenden und anklagenden Worte konnten an ihrer Macht nichts ändern. Sie verbreitete weiter Dunkelheit.

Und dann kam der 9. November 1989! Die Mauer wurde geöffnet und dann abgebaut. Es entstand zunächst *ein* Loch in der Mauer. Dann noch eins und dann immer mehr. Die größten Löcher wurden von Arbeiterkolonnen mit Maschinen hineingerissen. Die kleinen besorgten die »Mauerspechte«. Wo man zwischen dem Brandenburger Tor und Kreuzberg in den Wochen nach dem 9. November nahe der Mauer auch entlangging – überall hörte man sie gegen die Mauer hämmern. Jeder wollte noch vor dem Gesamtabriss ein Stück dieser »Kostbarkeit« als Souvenir mit nach Hause nehmen. Mancher machte auch damit schon wieder Geld.

Was die »Spechte« angeht, so vollbrachten sie an einigen Mauerstellen eine erstaunliche Leistung. Sie schlugen Löcher von einer Größe in die Mauer, dass man auf die andere Seite schauen konnte, dass man sich mit Menschen von der anderen Seite unterhalten und sogar hindurchsteigen konnte.

Fazit: Das Loch in der Mauer gibt eine andere Welt frei. Man kann eine helle Welt schauen, eine, in die man hineinwill. Eine Welt, die das Verbleiben in der anderen Welt verändert, sie erträglicher macht, die hoffen lässt, dass vieles Unbegreifliche nun bald aufhören wird.

3. Schritt:

Gespräch über die Wahrheit, die uns die Mauer andeutet: *Menschliches Leben ist Leben in der Begrenzung.* Solange der Mensch jung ist, träumt er vom Glück in der Welt und strebt danach, seine Träume zu verwirklichen. Leben expandiert. Bis er dann mehr und mehr erkennt, dass die angestrebten Ziele und die damit verbundene Lebenserfüllung nicht pur zu bekommen sind, auch dann nicht, wenn einem manches irdische Ziel – Gott sei Dank! – gelingt. Der Mensch erkennt: Leben ist Leben in der Begrenzung.

(Hier kann jeder Teilnehmer seine Erfahrungen einbringen!) Wir stoßen an Grenzen unseres Geldbeutels, unserer Kraft, unserer Zeit. Wir werden beschnitten durch Krankheit, durch politische und geographische Einschränkungen. Wer als Kurde in der kargen Bergwelt des iranischen oder türkischen Hoheitsgebietes leben muss, der ist verurteilt, im Vergleich zu anderen Menschen ein karges und bedrohtes Leben zu führen. Ebenso geht es auch anderen Menschen. Katja Ebstein hat das mit ihrem Lied »Ein Indiojunge aus Peru, der will leben so wie du« Tausenden ins Gedächtnis gerufen.

Damit taucht eine neue Begrenzung auf: die der Gerechtigkeit. Unrecht wird sichtbar und wird erlebt. Manchmal so sehr, dass man sich mit dem Gedanken an den Tod (»Das letzte Hemd hat keine Taschen«) zu trösten versucht. Aber tröstet die im Tod sichtbar werdende Gleichheit, wenn die einen zuvor 1. Klasse fahren, andere nur 3. oder gar 10. Klasse?

Damit wird unversehens die Wahrheit des 19. Verses in unserem Text 1. Korinther 15 lebendig: Wenn wir nur auf dieses Leben setzen müssten, dann wären wir die Getäuschten. Wir würden unsere Erwartungen auf diese Welt konzentrieren und sie könnte sie nicht erfüllen. Sogar ein Christus, der sich im Rahmen der hier gegebenen Möglichkeiten bewegte, würde uns grundsätzlich nichts Befreiendes bringen. Wir blieben Unvollendete in jeder Hinsicht.

Doch nun gibt es dieses Loch in der Mauer unserer Begrenzungen. Seit Christi Auferweckung ist es da. Auch die Todesmauer hat seitdem ein Loch. Und durch dieses *Auferstehungs- oder Osterloch* dringt ein heller Schein in unsere Welt. Wir können die neue Welt noch nicht betreten. Aber wenn wir näher herantreten, erkennen wir Überraschendes: Mit dem Apostel entdecken wir zum einen, dass der Mensch seit Adam trotz vieler Anstrengungen es nicht vermocht hat, sich von seiner totalen Begrenzung zu befreien. Es reichte immer nur bis zum Sterben. Wir sehen mit dem Apostel dann aber weiter, dass durch Christus genau an dieser Stelle eine Aufhebung erreicht wurde. Er ist schon im neuen Leben. Und: Er ist dabei, alle bösen Mächte, auch den Tod, zu vernichten.

Von diesem durch die Auferweckung in die uns umgebende Begrenzungsmauer gebrochenen Loch verändert sich viel: *Die Zeitkalkulation* bekommt eine Ausdehnung. Wir denken nun über den Tod hinaus. *Unser Verhältnis zu diesem Leben* ändert sich. Wir freuen uns über alles, was wir an Gutem schaffen und bekommen. Aber wir verlieren uns nicht völlig ans Diesseits. Wir müssen nicht alles von dieser Welt erwarten. Es kommt noch eine neue. *Damit gibt es Trost.*

Aus allem kommt es in dieser Welt zu einem Lachen – *zum Osterlachen der Erlösten.* Wichtig ist, dass wir möglichst nah an dieses

Osterloch in der Todes- oder Begrenzungsmauer herantreten, um möglichst viel von dem hellen Schein aus der anderen Welt zu erhalten. Im Übrigen winken wir die zu uns heran, die noch in der Traurigkeit leben.

Den Schluss unserer Überlegungen bildet wieder ein gemeinsames Vaterunser oder das gemeinsam gesprochene Lied »Auf, auf, mein Herz, mit Freuden, nimm wahr, was heut geschieht«, EG 112.

Treffen nach dem Sonntag Quasimodogeniti (Thema: Die Hoffnung der Christen)

»Quasimodogeniti«! – Konfirmanden, die einst noch die Sonntage des kirchlichen Kalenders auswendig lernten, hatten an diesem Namen manchmal ihre helle Freude. Er geht auf die in der frühen Kirche in der Osternacht Getauften zurück. In der Woche nach Ostern zogen sie in weißen Gewändern von einer Kirche zur anderen in den Gottesdienst. Von daher erhielt diese Woche den Namen »Weiße Woche«. Am Sonntag wurde die Prozession beendet. Die weißen Kleider wurden abgelegt. Als diese Neugetauften am Sonntag im Gottesdienst erschienen, wurden sie von der Gemeinde mit dem Zuruf: »Wie neugeborene Kinder!« begrüßt, eben: quasimodogeniti!

Der Christus-Glaube macht den Menschen neu. Er ist eine neue Schöpfung. Die Vergangenheit ist geregelt. Zukunft ist gewonnen. »Gelobt sei Gott, der Vater unseres Herrn Jesus Christus, der uns nach seiner großen Barmherzigkeit wiedergeboren hat zu einer lebendigen Hoffnung«, jubelt der 1. Petrusbrief (1,3).

In einem Seniorentreff in der Woche nach Quasimodogeniti sollte auf diese neue Menschwerdung eingegangen werden.

Erster Teil

Wir befinden uns noch immer in der Osterzeit. Darum eröffnen wir dieses Treffen mit einem Osterlied. Ansonsten wie immer.

Arbeitshilfen: Schreibtafel, Heft über Johann Hinrich Wichern: *Mit der Liebe Christi gegen die Not*[26] (für jeden Teilnehmer ein Exemplar!).

Wir eröffnen den zweiten Teil mit einem Tauflied. Etwa: »Ich bin getauft auf deinen Namen«, EG 200, V. 1-2.

1. Schritt:

Gespräch über die durch das Ostergeschehen geschenkte Hoffnung für Christen (höchstens 30 Minuten). Wir schreiben dazu den Text von 1. Petrus 1,3 an die Tafel.

Falls keine Tafel vorhanden ist, müsste der Text in Neuen Testamenten oder kopiert vorliegen.

Alle sind eingeladen, sich zum Text zu äußern. Wir betonen drei Schwerpunkte. *Zunächst* ist da das *Gotteslob*. Niemand wird Gott loben, der nicht erkannt hat, dass Gott des Lobes würdig ist. Lob ist Reflex auf etwas, was der Mensch erhalten hat. Hier: Gott hat Menschen wiedergeboren zu einer lebendigen Hoffnung. Wer zum Lob Gottes gelangt ist, ist zum tiefsten Lebenssinn gelangt. *Sodann:* Das Lob ist durch die *Barmherzigkeit Gottes* bewirkt worden. Seine Barmherzigkeit ist konkrete Fürsorge für seine leidenden Menschen. Sie ist dem Glauben in Jesus Christus sichtbar geworden.

Schließlich: Lebendige Hoffnung ist entstanden. Hoffnung gehört nach Ernst Blochs »Prinzip Hoffnung« zum Menschen. Alles in ihm ist so angelegt, dass er immer auf Hoffnung aus ist. Darum lebt er als Hoffender. Das ist ein Prinzip. Aber: Mit dem Tod ist alle Hoffnung aus. Die menschliche Hoffnung ist somit eine begrenzte Hoffnung.

Anders die Hoffnung, die von Gott ausgeht und die ihn zum Inhalt hat. Sie geht in die Ewigkeit ein. Sie ist eine Hoffnung, die Bleiben, also Leben, schenkt. Das macht zum einen ihre Lebendigkeit aus. Zum anderen führt diese auf ewiges Bleiben zielende Hoffnung den Hoffnungsträger auch zu einem neuen Verhalten. Sie zeigt sich in einem hoffnungsvollen Tun und Verhalten. Auch das macht diese Hoffnung zu einer »lebendigen« Hoffnung.

2. Schritt:

Vorstellung eines Menschen, der durch den Glauben zu einer lebendigen Hoffnung wiedergeboren wurde. Wo Menschen zu Hoffnungsmenschen geworden sind, werden sie dieses Neue leben. Nicht gezwungen, sondern in Freiheit.

Zeigen wird sich das auf verschiedene Weise. Wer die lebendige Hoffnung kennt, weiß, dass für ihn Entscheidendes noch kommt. So kann er sich, statt sich um sich selbst zu drehen, um andere Menschen kümmern. Beispielhaft stellen wir einen Menschen vor. Nicht, um ihn nachzuahmen, sondern um zu sehen, wie sich das Neue, die Hoffnung, bei ihm durchgesetzt hat. Ich schlage vor, auf Johann Hinrich Wichern einzugehen, und zwar anhand des oben genannten Materials. Dieses für den Unterricht konzipierte Heft ist schnell gelesen. Die Bilder tragen zum besseren Verständnis des Mitgeteilten bei.

Ergänzend zu den Ausführungen im Heft sei noch mitgeteilt, dass Johann Hinrich Wichern am 21. April 1808 in Hamburg geboren wurde und hier auch am 7. April 1881 starb. Er gründete angesichts des Kinderelends in seiner Zeit das »Rauhe Haus« und gab 1848 den Anstoß zur Gründung der Inneren Mission. Mehr zu Wichern in den größeren kirchlichen Lexika oder in Einzelbiographien.

Wer eine andere für alle zugängliche Biographie hat, kann selbstverständlich auf diese zurückgreifen.

Mit einem gemeinsamen Vaterunser schließen wir dieses Treffen ab.

Treffen in der Woche nach dem Sonntag Misericordias Domini (Ausflug in die Natur)

Der Sonntag Misericordias Domini erinnert an die Barmherzigkeit und damit an die Güte Gottes. Die Erde ist voll davon. So ist der 5. Vers des Psalms 33, der den Sonntagsnamen enthält, zu verstehen. Jede Blume, jedes Insekt, Wälder und Gewässer erzählen dem

Glaubenden, dass Gott Leben will und darum immer noch ermöglicht.

Damit wäre, nachdem wir lange bei dem Gott verweilt haben, der den Menschen *erlöst, nun* der *Schöpfer und seine Schöpfung* als Thema unseres Treffens dran. Wir könnten es aufgreifen in einer Beschäftigung mit einem ökologischen Thema. Dabei wäre zunächst eine Information über den Zustand der Natur als Basis unseres Lebens notwendig und dann natürlich auch über die uns bleibenden Möglichkeiten zum Handeln. Zum Beispiel Brief an ein Ministerium oder an die Verwaltung einer Kommune oder auch die Mitarbeit in einer für den Schutz der Natur eintretenden Initiative.

Wir könnten diese Aufgabe bei guter Vorbereitung durch gemeinsames Lesen eines Aufsatzes zur Sache erledigen (wobei ich an dieser Stelle zögere, eine konkrete Leseempfehlung zu geben, weil die Literatur dazu uferlos ist. Ich rate darum, eine Buchhandlung aufzusuchen oder sich mit einer zuständigen Umweltstelle in Verbindung zu setzen, um so zu einer guten Empfehlung zu kommen). Wir könnten uns bei dieser Aufgabe aber auch lange vor dem Termin um einen Referenten bemühen, zum Beispiel um den Beauftragten der Kirche für Umweltfragen oder um den Sachkenner einer (soliden) Umwelt-Bürgerinitiative. Ein Referent ist natürlich aus verschiedenen Gründen der eigenen Besprechung eines Aufsatzes vorzuziehen.

Ich schlage zur Behandlung dieser Thematik einen Ausflug vor. Wir sind aufgrund der bisherigen Witterungsverhältnisse auch lange genug in unseren vier Wänden geblieben. Nun, da die Frühlingswärme da ist, sollten wir eine Halbtagsfahrt mit einem Bus in die Natur unternehmen und uns dabei von einem Fachmenschen über den *Zustand des Wassers und der Fische in einem See oder in einem Fluss* oder über den *Baum- und Tierzustand des Waldes* informieren lassen.

Die zweite Station müsste dann ein Restaurant sein, in dem wir gemeinsam Kaffee trinken können.

Bleibt anschließend noch Zeit, dann kann auf dem Heimweg

noch (nach vorheriger rechtzeitiger Anmeldung bei der zuständigen Stelle) eine Kirche aufgesucht werden. Hier kann gesungen und eine Andacht zum Thema gehalten werden. Vielleicht ist auch noch ein Orgelspiel zu hören und ein bisschen Geschichte der Kirche zu erfahren.

Je nach den Gegebenheiten kann die Kirche natürlich auch zuerst aufgesucht werden. Zum Ende des Ausflugs würde sie freilich besser passen.

Die Aufarbeitung des Erlebten könnte in einem der folgenden Treffen geschehen – bis hin zu den oben angedeuteten Konsequenzen (Schreiben, Mitarbeit usw.).

Treffen in der Woche nach dem Sonntag Jubilate (Wunschsingen)

Sollten wir das vorhergehende Treffen zu einem Ausflug in die Natur genutzt haben, dann sind wir voll von interessanten Eindrücken. Wir könnten das Erfahrene noch vertiefen durch Gedichte, Dias und Lieder und uns so noch einmal an Gottes Schöpfung erfreuen. Denn zur Freude über Gottes Schöpfung hat uns der Sonntag Jubilate eingeladen. Dabei geht es sowohl um die alte als auch um die neue Schöpfung.

Ich schlage nach dem ersten Teil unseres Treffens ein Singen vor. Dabei können Volkslieder, Choräle, Kanons (als Kanon passt sehr schön »Jubilate deo omnis terra«, EG-Anhang[27]) und andere Lieder, auch ganz neue, gesungen werden. Wer keinen Musikexperten in seiner Seniorengruppe hat, der bitte einen Lehrer, den Kirchenmusiker der Gemeinde oder eine andere ihm bekannte musikalisch begabte Person um Hilfe für diesen Nachmittag.

Das Singen können wir als Wunschsingen gestalten. Jeder kann ein Lied vorschlagen. Zwischen mehreren Liedern sollte zur Erholung der Sänger Musik am Piano oder auf dem Keyboard geboten werden. Dabei kann ein Instrument vorgestellt werden. Wer es schafft, für diesen Nachmittag neben dem Klavier noch eine Querflöte oder eine Harfe anzuheuern, der wird den Nachmittag auch gut um eine halbe Stunde überziehen dürfen. Alle werden sich über das Erlebte freuen.

Wer in der vorhergehenden Woche keinen Ausflug in die Natur durchgeführt hat, kann neben dem Singen auch einen christlichen Liederdichter vorstellen, der die alte und auch die neue Schöpfung in Versform eingefangen hat. Ich nenne als Beispiel Paul Gerhardt. Er hat es verstanden, in seinen Liedern bei der Natur anzusetzen und bei der himmlischen Welt zu enden. Man prüfe das anhand der bekannten Lieder »Geh aus, mein Herz, und suche Freud« und »Die güldne Sonne, voll Freud und Wonne«.[28] Sollte in unserer Gegend ein Liederdichter beheimatet gewesen sein, kann der näher vorgestellt werden, falls das noch nicht geschehen ist. Und auch das ist möglich: dass jemand, der mitten unter uns lebt und neue Lieder schreibt, zu uns kommt, sich selbst vorstellt und mit uns singt.

In den meisten Fällen wird freilich ein anderer (zum Beispiel ein Kirchenmusiker) eine solche Vorstellung vornehmen müssen.

Den Abschluss bildet das gemeinsam gebetete Vaterunser.

Treffen in der Woche nach dem Sonntag Cantate (Besuch einer Liederdichter-Stätte)

Der Sonntag Cantate lädt uns im wahrsten Sinne des Wortes zum Singen ein. Christen haben Grund zum Singen.

Wer vor zwei Wochen keine Seniorenfahrt in die Natur durchgeführt hat, könnte diesen Tag zu einer Fahrt zur Wirkungsstätte eines christlichen Sängers oder Dichters nutzen.

Beispielhaft nenne ich für Gruppen in Berlin-Brandenburg *Paul Gerhardt* und *Martin Luther.* Wer den Wirkungsort der »Wittenbergisch' Nachtigall« erkunden will, braucht dazu einen ganzen Tag. Nach genauer Vorbereitung kann am Vormittag ein Besuch des Lutherhauses und der Stadtkirche durchgeführt werden. Während des gemeinsamen Mittagessens berichten Pfarrer und Gemeindeglieder über das Leben ihrer Gemeinde. Nach dem Mittagessen wird die Schlosskirche besichtigt. Mit einem gemeinsamen Kaffeetrinken schließen wir den Wittenberg-Besuch ab.

Ähnliches kann in der Wirkungsstätte Paul Gerhardts, in *Mittenwalde,* ablaufen. Etwa um 10.30 Uhr, spätestens 11.00 Uhr werden wir vom Pfarrer in Mittenwalde vor oder in der Kirche empfangen. Es schließt sich eine Kirchenführung an. Danach singen wir Paul-Gerhardt- und andere Lieder. Den Abschluss bildet ein Orgelspiel des hiesigen Organisten. Daran schließt sich das Mittagessen in einem Mittenwalder Restaurant an. Nach dem Mittagessen kann ein Teil der Gruppe eine Wanderung durch Mittenwalde unternehmen, der andere Teil kann eine Turmbesteigung der Kirche versuchen. Danach erneut Treffen aller in der Kirche zum Bericht über das Gemeindeleben von Mittenwalde. Mit einer kurzen Andacht schließen wir den Besuch in der Kirche ab und begeben uns wieder in ein Restaurant zum Kaffeetrinken.

Der Chor der Dichter und Sänger ist groß. Es lohnt sich, ihre Wirkungsstätten aufzusuchen: Matthias Claudius, Hamburg/Wandsbek; Philipp Friedrich Hiller, Steinheim bei Heidenheim/Brenz; Matthias Jorissen, Wesel, Niederrhein; Albert Knapp, Stuttgart u.a.; Joachim Neander, Bremen/Düsseldorf; Philipp Nicolai, Hamburg/Unna; Johann Olearius, Halle; Michael Praetorius, Dresden; Johann Hermann Schein, Weimar/Leipzig; Heinrich Schütz, Dresden; Friedrich von Spee, Köln/Trier; Philipp Spitta, Burgdorf bei Hannover; Gerhard Tersteegen, Mülheim/Ruhr; Melchior Vulpius, Weimar; Johann Walter, Dresden/Torgau.

Treffen in der Woche nach dem Sonntag Rogate (Thema: Beten)

Rogate – betet! Der Rogate-Sonntag erinnert an eine entscheidende Lebensäußerung des Glaubens und der Glaubenden. Sie kann manchmal noch die letzte Äußerung vor dem physischen Ende eines Menschen sein. Man denke an Jesus nach dem Lukasevangelium: »Vater, ich befehle meinen Geist in deine Hände.« (23,46)

Das Thema »Beten« oder »Gebet« kann uferlos und damit auch eine Überforderung werden, wenn man es in einem Treffen behandeln will und die Gebetspraktiken der Menschen religionsgeschichtlich, -soziologisch und -psychologisch dargestellt werden sollen. Wer das möchte, der sollte ein Seminar mit mehreren Nachmittagen dafür ansetzen. Aber auch auf einem Seminar müsste man sich einschränken, um sich nicht zu verlieren.

Angesichts eines Nachmittags mit Senioren ist eine Einschränkung auf jeden Fall geboten. Ziel dieses Nachmitags kann nur sein: Betende Senioren zum weiteren Beten zu ermutigen und solche, die nicht beten, dazu einzuladen.

Arbeitshilfen: Neue Testamente in ausreichender Zahl oder kopierte Texte aus Matthäus 6,5-13 und 18,19-20, dazu eine Schreibtafel oder Ähnliches.

Erster Teil

Wie immer.

Zweiter Teil

Wir beginnen mit einem Vers, höchstens mit zwei Versen eines Lobliedes oder mit einem Lied, das dem Thema nahe steht, zum Beispiel EG 299 »Aus tiefer Not schrei ich zu dir« oder EG 366 »Wenn wir in höchsten Nöten sein« oder EG 165 »Gott ist gegenwärtig« oder eines der neuen Anbetungslieder wie »Herr, ich sehe deine Welt« (aus: Sing mit uns, 39). Die Sache erarbeiten wir etwa so:

1. Schritt:
Hinführung: Wir wollen uns heute nach unserer Ankündigung im Programm mit dem Gebet beschäftigen. Im Gebet zeigt sich die

Bindung eines Menschen an Gott wie bei keiner anderen Glaubensäußerung. Wir können Gutes tun – wie unterscheiden wir uns damit vom Nichtglaubenden? Es bleibt das Gebet als entscheidendes Kennzeichen des Glaubens. Ein Kennzeichen nicht nur für die anderen, sondern auch für mich, den Glaubenden, selbst. Denn wie anders, wenn nicht im Gebet zu Gott und zu seinem Sohn Jesus Christus kann ich meinen Bezug zu beiden ausdrücken? Das Gebet ist, so kann man sagen, *das* Lebenszeichen eines Glaubenden. Darum ist es nötig, über dieses Lebenszeichen zu sprechen.

2. Schritt:

Stellungnahmen der Senioren: In unseren Seniorentreffs befinden sich Menschen, die beten, und solche, die das nicht tun. Wir laden an dieser Stelle zur Stellungnahme ein. Wenn Beten eine Frucht ist, die nicht vom Himmel fällt, wie sind wir denn zum Beten gekommen? (Mögliche Antworten: Eltern, Lehrer, ein anderer uns nahe stehender Mensch, ein Jugendlager, eine Not, der Krieg, ein nicht zu begreifendes Geschehen, einfach das Bibellesen haben den Anstoß dazu gegeben.)

Ebenso wichtig sind die Meinungen derer, die Gründe anzuführen versuchen, weshalb ihnen das Beten bisher verwehrt wurde. (Mögliche Antworten: Der unverständliche Tod eines Menschen, andere schreckliche Ereignisse, das Beten selbst, das über lange Zeit versucht wurde, aber anscheinend nichts erbrachte.) Es ist wichtig, beides zu hören und auszusprechen. So kann schon an dieser Stelle ein Lernprozess ausgelöst werden, der sowohl für Beter als auch Nichtbeter heilsam sein kann.

3. Schritt:

Gespräch über die genannten Texte: Dabei kann unterstrichen werden, dass die V. 5-6 in Matthäus 6 sich gegen eine bestimmte Gebetspraxis im eigenen Volk Jesu wenden. Da gibt es anscheinend das öffentliche Beten in den Synagogen und auf den Gassen, das wohl das Ziel hat, die Menschen an das Gebet zu erinnern.

Aber wer das Gebet für diesen Zweck benutzt, der entfremdet

es. Das Gebet hat es nur mit Gott zu tun. Mit dem Gebet ist keine Mission zu treiben. Dafür gibt es die freundlich einladende Anrede an die Menschen. Der Beter hat es nicht nötig, von Menschen gesehen zu werden. Darum soll er am besten ins »Kämmerlein« gehen. Hier kann er Gott ungestört *alles* sagen. In diesem Alleinsein mit Gott liegt denn auch die Einmaligkeit des »Kammergebetes«.

Die Verse 7-8 wenden sich gegen eine Gebetspraxis, die meint, sie könnte Gott mit vielen oder mit lauten Worten zum Handeln zwingen (etwa die Baalspriester mit ihrem Ruf »Baal erhöre uns!« (Vgl. 1. Könige 18,26.) Jesus sagt Nein zu solchem Beten, weil Gott sich zum einen nicht zwingen lässt, zum anderen auch weiß, was seine Menschen brauchen. Darum gibt er den Jüngern, und das ist die Gemeinde Christi, das gemeinschaftliche Gebet, also das Vaterunser.

In diesem Gebet geht es um die großen Themen der glaubenden Gemeinde: um die Heiligung des Gottesnamens, die Verwirklichung seines Willens, die Erfahrung der Fürsorge Gottes für dieses Leben, das Kommen des Reiches Gottes, die Anbetung Gottes.

Dieses Gemeindegebet zeigt im Übrigen auch, dass Jesus mit seinem Hinweis auf das »Kammergebet« absolut nichts gegen das gemeinschaftliche Beten gesagt hat. Das wird auch in Matthäus 18,19-20 bestätigt.

Das gemeinsame Beten wird im Gegensatz zum »Kammergebet« selbstverständlich die Gemeindeanliegen bewegen und hat eben darin genau die andere Qualität im Vergleich zum »Kammergebet«.

4. Schritt:
Prinzipielles zum Beten. Wenn noch Zeit bleibt, dann sollten einige Erfahrungen genannt werden, die für die Gebetspraxis wichtig sind. Etwa:
a) Wer beten will, »muss« an Gott glauben. Gebet wendet sich an den Gott »extra nos«, an den Gott außerhalb von uns. Es gilt doch wohl: Wer glaubt, der betet auch, und wer betet, der glaubt auch.

b) Wer beten will, braucht einen Ort der Stille. Zwar kann ich einen »Stoßseufzer« während der Arbeit oder auf der Straße sagen. Aus der Besinnung, aus der Ruhe heraus kann ich dagegen nur an einem ruhigen Ort beten.

c) Wer beten will, braucht auch eine das Gebet erlaubende Zeit. Wenn eine Mutter während der Versorgung ihres Kindes beten wollte, so wird das kaum gelingen. Jeder muss seine optimalen Zeiten entdecken.

d) Anfänger im Gebet sollten kurze Gebete sprechen. Geübte Beter werden auch mit Leichtigkeit länger beten können. Sie sollten das nicht bei einem gemeinsamen Beten tun.

e) Anfänger müssen manchmal Gebetshilfen in Anspruch nehmen. Ich sehe gute vorformulierte Gebete in Gesangbüchern oder in besonderen Gebetbüchern als solche Hilfen an.

Den Abschluss dieser Überlegungen kann das gemeinsam gebetete Vaterunser bilden. Wir können aber auch einen Psalm aufschlagen und im Wechsel gemeinsam beten.

3. Zur Pfingstzeit

Der Name »Pfingsten« kommt von dem griechischen Wort »Pentäkostä«. Es meint den 50. Tag nach Ostern.

Im Alten Testament war es der 50. Tag nach dem Passafest. Inhaltlich feierte man den Erntedank am Ende der Weizenernte. Dieses Erntedankfest wurde auch »Wochenfest« genannt, abgeleitet von den sieben Wochen nach dem Erntebeginn (5. Mose 16,9).

Im frühen Judentum bahnte sich eine Verschiebung des Festinhalts an. Aus dem Erntedankfest wurde ein Schwurfest, das inhaltlich ein Bundesgedenken, eine Bundeserneuerung vollzog.

Für die Christen erfüllte sich an diesem Tag die verheißene Geistausschüttung durch Gott. Einen direkten Beleg für das christliche Pfingstfest im Neuen Testament gibt es nur in Apostelgeschichte 2. Als geschichtliche Folge der Geistausgießung kommt einerseits die Mission in den Blick, andererseits die Vergegenwärtigung des Geistes in manchen Geistwirkungen bis hin zur Zungenrede (Glossolalie).

»Bis ins 4. Jahrhundert war P. als Gedenktag der Erhöhung des Herrn und der Geistsendung durch ihn unmittelbar auf Ostern bezogen. Es galt als Abschluss der mit Ostern beginnenden 50-tägigen Festzeit und damit als Herrenfest. Die durch die lukanische Datierung veranlasste Herauslösung von Himmelfahrt hatte zur Folge, dass sich P. immer stärker vom Osterkreis löste, um sich zu einem isolierten Fest der Geistsendung zu verselbständigen. Erst in der neueren Liturgik versucht man P. wieder stärker an Ostern zurückzubinden.«[29]

Wenn hier die Pfingstzeit mit der Woche nach Exaudi angesetzt wird, so steht dahinter die Überlegung, dass Himmelfahrt und Pfingsten innerlich zusammengehören. Die Erhöhung des Auferstandenen (Himmelfahrt) bildet die Voraussetzung der Geistausgießung. Das deuten auch die jetzige Nähe und Aufeinanderfolge der beiden Feste Himmelfahrt und Pfingsten liturgisch an. Folglich ist der Beginn der Pfingstzeit hier mit der Woche nach Exaudi angesetzt.

Treffen in der Woche nach dem Sonntag Exaudi (Thema: Mission)

Der Sonntag Exaudi geht auf den auf Gott wartenden Menschen und auf die auf Gott wartende und um Erhörung bittende Gemeinde ein. Als letzter Sonntag vor Pfingsten wird das Gebet auch ein Gebet um den Heiligen Geist sein. Da wir uns schon in der Woche nach dem Sonntag Rogate mit dem Gebet beschäftigt haben, schlage ich vor, in der Woche nach Exaudi auf Himmelfahrt einzugehen, weil dieses Fest mehr und mehr aus dem Bewusstseins verschwindet. In der einstigen DDR hat es das Himmelfahrtsfest nicht mehr gegeben. Aber auch in der alten und neuen Bundesrepublik ist das Himmelfahrtsfest mehr und mehr zum »Vatertag« umfunktioniert worden.

Vor einer Konkretion dieser Thematik für ein Seniorentreffen ein kurzer Blick auf die Entwicklung des Himmelfahrtsfestes: Bis Ende des 4. Jahrhunders ist das Himmelfahrtsfest an verschiedenen Tagen, manchmal mit Ostern oder Pfingsten zusammen gefeiert worden. Erst langsam setzte sich der 6. Donnerstag nach Ostern durch, also der 40. Tag nach der Auferstehung, wie es die Apostelgeschichte (1,3) berichtet.

An manchen Orten ist dieses Fest auch mit Prozessionen verbunden worden. Sie sollten den Gang zum Ölberg versinnbildlichen. Auch szenisch hat man in manchen Kirchen durch Jahrhunderte die Himmelfahrt Christi dargestellt. Ein Christusbild wurde an einem Seil in die Höhe gezogen und verschwand durch eine Öffnung der Kirchendecke.

In der katholischen Kirche wird am Himmelfahrtsfest im Hochamt nach dem Verlesen des Evangeliums die bis dahin brennende Osterkerze gelöscht, um damit anzudeuten, dass Christus die Erde verlassen hat.

Inhaltlich ist zu fragen: Was meint Himmelfahrt anderes als Auferstehung? Was mehr als Ostern? Die Antwort ist: Während die Auferweckung das Kreuz in seiner Bedeutung hervorhebt und zugleich nach vorn auf das neue Leben weist, ist Himmelfahrt die Füllung des neuen Lebens Christi, und die besteht in der Einsetzung Christi in sein universelles königliches Amt. Er ist der Herr.

Von dieser Himmelfahrtssicht schlage ich denn auch vor, sich im Seniorentreff dieser Woche mit *Mission* zu beschäftigen. Denn ist Jesus Christus »König und Herr«, dann ist jeder davon in Kenntnis zu setzen und jeder in seine Gemeinschaft einzuladen. Da dieses Thema aufgrund der verschiedenen Missionsmethoden positiv, teilweise aber auch *negativ* besetzt ist, könnte das zu kritischen Fragen führen, und es müsste an dieser Stelle ein Stück Missionsgeschichte und auch Missionswirkung dargestellt werden. Das kann hier nicht geleistet werden. Man müsste das in einem anderen Seniorentreffen unter Zuhilfenahme eines Sachkenners aufzuarbeiten versuchen, wenn sich ein Interesse und Bedürfnis in dieser Richtung ergibt.

Hier kann nur in der gebotenen Kürze eine erste Berührung mit dem Thema versucht werden.

Arbeitshilfen: Tafel und Bibeln.

Das Thema könnte etwa so zur Sprache kommen:

Erster Teil

Wie immer.

Zweiter Teil

Einige Verse des Liedes »Jesus Christus herrscht als König«, EG 123.

1. Schritt:
Die Bewusstmachung des universalen Christus-Anspruchs. Dieser Teil darf höchstens 20 Minuten Zeit in Anspruch nehmen. Dabei wären etwa folgende Bibelstellen gemeinsam aufzuschlagen

und zu lesen oder zumindest vorzulesen: Matthäus 28,18b-20; Johannes 3,16; Römer 1,16; 1. Timotheus 2,4. Alle Worte zeigen, dass Christus für alle Menschen Bedeutung hat und darum sein Angebot, in seine Gemeinschaft zu kommen, in einladender Weise kundzutun war und ist (wobei sich die Verwirklichung dieser Aufgabe durch die Jahrhunderte immer wieder gewandelt hat).

2. Schritt:
Zur Erledigung der missionarischen Aufgabe will Gott *die Mitarbeit der Gemeinde.* Wer es sich verhältnismäßig einfach machen will, der kann hier das Lebensbild des Missionars Paulus darstellen. Dafür kann man methodisch so vorgehen, dass man jene Stellen aus dem Neuen Testament liest, die von Paulus erzählen, jeweils darüber spricht, auch topographisch einordnet und bestimmte Ergebnisse an der Tafel festhält.

Also: Apostelgeschichte 9,11; 21,39-22,3 berichten, dass Paulus in Tarsos in Kilikien geboren ist (wir nehmen die topographische Karte zu Hand und verschaffen uns Kenntnis von dem Ort).

Sein Geburtsort weist ihn als Diaspora-Juden aus. Seine Eltern leben mit ihm in einer religionsfremden Umgebung. Hier hat er seine Kenntnisse zum Buch der Juden, der Tora, erlernt. Hier hat er auch die nichtjüdischen Menschen kennen gelernt, was für seine späteren Missionsreisen wichtig gewesen ist. Vielleicht war sein Leben in dieser Umgebung auch eine Vorbereitung dafür, dass Christus ihn später zu den Heiden senden konnte.

In Philipper 3,5 sagt Paulus, er sei Hebräer von Hebräern, was ganz sicher seine feste Einbindung in die hebräische Tradition bis hin zur Sprache und zu den Festen anzeigt, was darüber hinaus auch seine strenge Beachtung des Gesetzes meint.

Apostelgeschichte 23,6b sagt er nach dem Bericht des Lukas, er sei ein Pharisäer, also Mitglied der frommen Partei, die anders als die liberalen Sadduzäer und die militanten Zeloten die Partei war, die Jesus ernst nahm und sich mit ihm auseinander setzte.

Als Stephanus, einer der Diakone in Jerusalem, verhaftet wird (Apostelgeschichte 6,8-7,59), scheint Saulus mit den obersten Behörden Jerusalems Verbindung zu haben. Nur so ist seine Anwesenheit bei der Steinigung des Stephanus zu erklären.

Seine (anscheinend mit dem Tod des Stephanus) einsetzende Christenverfolgung (siehe auch seinen eigenen Bericht in Galater 1,11ff.) scheint ihn vor allem nach Damaskus und Umgebung zu führen.

Es folgt dann die Bekehrung (Apostelgeschichte 9), die Einsetzung in sein Apostelamt und sein Missionsdienst. Die drei Missionsreisen lassen wir uns wieder auf der topographischen Karte zeigen.

Ich empfehle im Übrigen, kleinere Paulusbiographien heranzuziehen oder auch lexikalische Ausführungen zu Paulus.[30]

Anstelle von Paulus kann aber auch ein *Missionar einer Missionsgesellschaft* erarbeitet werden, in deren Nähe wir uns mit unserem Seniorentreffen befinden. Vielleicht ist ein solcher gerade auf Heimaturlaub. So kann zum einen eine Missionsgesellschaft vorgestellt werden, zum anderen können die neuesten Erfahrungen vom Missionsfeld berichtet werden. Mission wird so sehr lebendig.

Ich habe in diesem Zusammenhang öfters mit der Christoffel-Blindenmission zusammengearbeitet und gute Erfahrungen dabei gemacht.

Den Schluss bildet wieder das Vaterunser.

Treffen in der Woche nach Pfingsten (Pfingsten feiern)

Dass wir uns bei diesem Treffen Pfingsten zuwenden, liegt auf der Hand. Aber möglichst nicht so, dass wir nur über den Heiligen Geist, über die Gemeinde Christi, über die Ermutigung zu einem Leben in der Nachfolge des Herrn reden und also sehr leicht wieder »verkopfen«, sondern indem wir Pfingsten und die Gabe des Geistes im Seniorentreff feiern.

Dazu ist es nötig, dass wir im Sinne des Liedes »Schmückt das Fest mit Maien«, EG 135, unseren Seniorentreff-Raum mit frischem Birkengrün schmücken. Dazu gehört weiter, dass wir unser Kaffeetrinken nicht vorwegnehmen, sondern als Teil unseres festlichen Beisammenseins in das Programm integrieren (zur Feier des Tages vielleicht mit einem Stück guter Torte auf Kosten der Seniorenkasse!).

Arbeitshilfen: Teelichter (mindestens 50 oder 60 Stück), kleine, leichte Stofftaschentücher.

Mit Teelichtern wird auf dem Fußboden eine Taube gelegt. Sowohl die Taube als auch die Feuerflamme sind im Neuen Testament Zeichen für den Heiligen Geist. Bei der Taufe Jesu kommt der Geist auf Jesus wie eine Taube. Als er nach Apostelgeschichte 2 zu den Jüngern kommt, werden die Feuerzungen genannt.

Damit die Taube möglichst formschön aussieht, empfiehlt es sich, vor der Aufstellung der Teelichter eine Taube mit Kreide vorzuzeichnen. Die Taube sollte – je nach Gruppen- und Tischkreis-Größe – 1,50 bis 2,50 m lang sein, damit sie auch von allen gesehen wird.

Die kleinen leichten Stofftaschentücher kaufen wir billig ein, um damit den Wind und das Wehen des Geistes bei unserer Pfingstfeier anzudeuten. Sie können am Ende unseres Treffens natürlich mit nach Hause genommen werden.

Verlauf

1. Schritt:
Singen von Pfingstliedern auf Vorschlag. Ist Klavierbegleitung möglich, sollte diese unbedingt genutzt werden. Es können natürlich auch andere Lieder, zum Beispiel Loblieder, gesungen werden. Dieser erste Teil, der nicht länger als 20-25 Minuten dauern sollte, könnte, wenn sich noch eine Geige oder eine Querflöte engagieren ließe, mit einer kurzen Instrumentalmusik abgeschlossen werden.

2. Schritt:
Mit einem Tischkanon wird heute das Kaffeetrinken an dieser Stelle

eröffnet. Es darf wieder fleißig gesprochen werden. Wir beenden das Kaffeetrinken mit dem Vers eines Pfingstliedes und leiten damit zu einem Verkündigungsteil über.

3. Schritt:

Einer oder zwei zünden nun die Teelichter an. Es entsteht eine brennende Pfingsttaube. Nach dem Anzünden folgt eine Erklärung zur Taube im obigen Sinne.

Es folgt eine Schweigezeit, in der wir nichts sagen, sondern nur die erklärte Pfingst-Taube anschauen. Einer liest uns dann den Abschnitt aus Apostelgeschichte 2,1-13. Wer will, darf sagen, was ihm dieser Bericht vom Kommen des Geistes sagt (keine Diskussion!). Diese Sammlung von Assoziationen wird nach 8-10 Minuten beendet.

Einer liest nun die meditativen Gedanken von Thomas Klocke, die er mit »Pfingstflammen« überschrieben hat[31] (abgedruckt in unseren Materialien S. 149), oder ein anderes meditatives Pfingstwort.

4. Schritt:

Mit einem Anbetungslied leiten wir über zu einem Gebetsteil. Er kann etwa so eingeleitet werden: Angesichts unseres Themas müssen wir bekennen, dass wir leeren Gefäßen gleichen. Wie diese, so können auch wir gefüllt werden, wenn wir um den Heiligen Geist bitten (Lukas 11,13).

Um unsere Leere anzudeuten, werden wir ruhig, formen unsere Hände zu einer Schale, schließen unsere Augen und verharren so in der Stille.

Zwei Helfer legen in unsere Hände die Taschentücher. Jeder erhält eines. Die Augen bleiben immer noch geschlossen. Erst wenn alle ein Tuch haben, dürfen die Augen geöffnet werden.

Wer will, darf nun sagen, was er bei dieser Aktion empfunden hat. (Das weiche Tuch hat unsere Handflächen berührt, es ist interessant, was jeder empfunden hat.)

Dann wird gemeinsam ein Gebet von Sabine Habighorst gebetet[32], das zuvor an alle Anwesenden verteilt worden ist, so dass jeder es mitvollziehen kann. Es trägt die Überschrift: *Komm, Gott, Schöpfergeist*:

Einer: Wir haben Lichter angezündet als Zeichen für das Wirken des Heiligen Geistes. Möge sein Licht uns erleuchten und für sein Wirken freimachen. Darum bitten wir:
Alle: Komm, Gott, Schöpfergeist.
Einer: Wir haben Lichter angezündet als Zeichen für die Hoffnung auf Gottes Geist, der die Welt verändern kann. Wir bitten für alle Menschen, die nicht mehr wissen, woran sie sich halten können. Möge der Geist zu Hilfe eilen und ihnen Kraft geben, damit sie daran festhalten, dass Gott ihr Leben und das Leben der ganzen Welt in Händen hält, entgegen allem Schein. Darum bitten wir:
Alle: Komm, Gott, Schöpfergeist.
Einer: Wir haben Lichter angezündet als Zeichen des Trostes durch Gottes Geist. Wir bitten für alle Trostbedürftigen dieser Erde, dass ihre Betrübnis und Klage in Freude verwandelt werde. Darum bitten wir:
Alle: Komm, Gott, Schöpfergeist.
Alle: Vater unser, der du bist im Himmel . . .

4. Zur Trinitatiszeit

Trinitatis – Dreieinigkeit! Es wird erst seit dem 11. Jahrhundert an verschiedenen Tagen gefeiert. 1334 ordnet Papst Johannes XXII. das Fest für die ganze Christenheit an. Es soll an einem Sonntag nach Pfingsten gefeiert werden. Erst langsam wird der 1. Sonntag nach Pfingsten zum Festsonntag für Trinitatis. Mit ihm beginnt die lange festarme Trinitatiszeit (22–27 Sonntage).

Der Inhalt von Trinitatis ist: Die Christenheit hat es in Gott, in Jesus und im Heiligen Geist nicht mit drei Göttern zu tun, sondern mit dem einen, eben mit dem dreieinigen Gott.

Die Dreieinigkeit ist schwer zu erklären. Wer den Artikel zur Dreieinigkeit in RGG liest[33], dem wird klar, dass die Dreieinigkeit vor allem ein Anliegen der ersten Kirche gewesen ist. Geboren aus einem Denken, das wir in Gänze nicht mehr nachvollziehen können, geboren auch aus einer Situation, mit der wir ernsthaft nur noch wenig zu tun haben, wurde die Dreieinigkeit auf dem Konzil zu Konstantinopel im Jahre 381 für die Kirche bindend gemacht.

So richtig »fertig« ist niemand mit dieser Lehre geworden, nicht einmal die Reformatoren. Darum sollten wir vorsichtig sein und nicht mehr wollen als diese. Und schon gar nicht sollten wir versuchen, auf unseren Seniorentreffs in einer sehr begrenzten Zeit für ganze Klarheit zu sorgen.

Aber *das* sollten wir in aller Schlichtheit und Entschiedenheit tun: Dasselbe Anliegen vertreten, das alle vor uns vertreten haben, die sich mit kenntnisreichen Gedanken *für den Glauben an den einen Gott* eingesetzt haben.

Wir können das am einfachsten, wenn wir uns diesen Glauben anhand des Apostolischen Glaubensbekenntnisses im Sinne Martin Luthers vergegenwärtigen.

Ich schlage vor, diese Vergegenwärtigung auf vier Seniorentreffen auszudehnen. Dabei kann beim ersten Treffen betont werden, dass es ein *Glaubens*bekenntnis ist, also müsste bei diesem Treffen der Glaube herausgestellt werden. Beim zweiten Treffen nach Trinitatis könnte dann der 1. Artikel zur Sprache kommen, beim dritten Treffen nach Trinitatis der 2. Artikel und beim vierten Treffen der 3. Artikel.

Damit diese »Vergegenwärtigung« nicht in reine Dogmatik-Seminare ausartet, empfiehlt sich eine Koppelung dieses Inhalts mit dem Leben. Darum wäre es ein großer Gewinn, wenn wir nach langfristiger und genauer Vorbereitung Begegnungen mit Gemeinden oder Seniorenkreisen anderer Konfessionen oder Denominationen durchführen könnten. So würden wir »über unseren Tellerrand« schauen und sehen, wie dieses Bekenntnis verschiedenartig Gestalt gewonnen hat. Das wäre für unseren Seniorentreff eine wohltuende Horizonterweiterung.

Für das erste Gespräch über den Glauben sehe ich die Möglichkeit, entweder Vertreter der Baptisten bei uns zu haben oder selbst zu Baptisten zu gehen. Obwohl diese evangelische Freikirche schon eine »alte« Freikirche ist, wird sie leider immer noch manchmal als Sekte verkannt – leider auch im kirchlichen Raum. Schon deshalb wäre eine Begegnung zu empfehlen. (Wo keine Baptisten in unserer Nähe sind, sollte man auf eine andere Freikirche zugehen.)

Für das zweite Gespräch über den 1. Artikel könnte man sich mit der orthodoxen Kirche verabreden.

Beim dritten Gespräch über den 2. Glaubenartikel wäre eventuell eine Begegnung mit der römisch-katholischen Kirche an der Reihe.

Für das letzte Gespräch zum Glaubensbekenntnis könnte ich mir sehr gut eine Begegnung mit einer charismatischen Gemeinde, eine der neuen Freikirchen, vorstellen.

Doch das alles steht unter dem Gedanken der ganzen Freiheit. Es kann ja nur sinnvoll geschehen, wenn die innere Offenheit bei uns dafür gegeben ist, und natürlich auch nur da, wo wir ohne allzu große Beschwernisse solche Begegnungen für einen Nachmittag zu Stande bringen könnten. Wo weder die eine noch die andere Kirche in der Nähe ist, wäre dann aber wenigstens ein Treffen mit Senioren aus den evangelischen Nachbargemeinden zu empfehlen. Auch das wäre schon ein Gewinn.

Treffen in der Woche nach Trinitatis
(Begegnung mit einer Freikirche)

Ich gehe davon aus, dass wir eine evangelische Freikirche für unseren Seniorentreff gewonnen und bei uns zu Gast haben. Vielleicht in Form einer Seniorenabordnung. Vielleicht in der Gestalt des freikirchlichen Pastors. Wie immer sie bei uns sind – sie bestimmen unser Verhalten mit. Wir wollen gute Gastgeber sein und für zwei Stunden eine möglichst gute Gemeinschaft erleben. Darum nehmen wir sie auch in unser Kaffeetrinken mit herein. Schon da können sich persönliche Kontakte im Gespräch ergeben.

Erster Teil

Begrüßung aller durch den Leiter, besondere Begrüßung und Dank an die Gäste oder an den Gast. Vielleicht kurze Vorstellung des Seniorentreffs. Also: Mitteilung der Lebenszeit und der Aktivitäten (höchstens fünf Minuten, auf keinen Fall mehr!). Gemeinsames Singen eines Tischkanons, zum Beispiel »Segne, Herr, was deine Hand«, EG 466.

Kaffeetrinken und Gespräch.

Nach dem Kaffeetrinken wieder Informationsbörse, dabei vielleicht (nach vorhergehender Absprache!) kurze Vorstellung der Gastgruppe.

Überleitung zum zweiten Teil des Treffens durch Singen zweier Glaubenslieder. Das eine aus unserem Liederbuch, zum Beispiel »Ich weiß, woran ich glaube«, EG 357; das andere aus dem Liedgut der Gäste.

Zweiter Teil

Gespräch über *» Glauben – was meinen wir damit?«*
Gesprächsdauer: höchstens 25 Minuten.
Arbeitshilfe: Tafel.

1. Schritt:

Wir wollen über das Glaubensbekenntnis sprechen, das in der alten Kirche entstanden ist und bis heute seine ökumenische Bedeutung nicht verloren hat. Wir tragen zunächst zusammen und halten an der Tafel fest, was man unter Glauben im allgemeinen Sprachgebrauch versteht, zum Beispiel »etwas annehmen«, »nicht wissen«, Bezeichnung für Ungewisses, für Unsicherheit. Wer in Gesprächen immer viel mit »ich glaube« operiert, dem traut man nicht.

2. Schritt:

Wir stellen nun klar, dass Christen etwas ganz anderes meinen, wenn sie »Ich glaube an Gott« sagen. Das kommt schon im griechischen Wort »pistis« zum Ausdruck. Es meint »Vertrauen«. Es meint »sich auf etwas verlassen«. Dazu bietet das Buch »Leben im Angebot, das Angebot des Lebens« gute Ausführungen.[34]

Christen vertrauen zutiefst auf einen tragenden Grund des Lebens. Das ist Gott. Sie verlassen sich darauf, dass sie sich auf Gott verlassen können.

Das Wort der Gäste:

Unsere Gäste erzählen eine Besonderheit ihrer Frömmigkeit, ihres Gottesdienstes. Wenn wir eine Gruppe aus der Baptistengemeinde bei uns haben, könnte sie von der Praxis ihrer Großtaufe berichten, also wie man sich auf diese Taufe vorbereitet, wie man sie durchführt, wie die Gemeinde beteiligt ist, ob es auch vorkommt, dass Erwachsengetaufte der Gemeinde den Rücken kehren. Oder etwas ganz anderes, was vor dem Treffen abgeklärt wird. Natürlich dürfen Fragen gestellt werden!

Zum Schluss könnte man das Glaubensbekenntnis im EG aufschlagen und Luthers Erklärung zum Ersten Artikel lesen.

Treffen in der Woche nach dem 1. Sonntag nach Trinitatis (Gäste aus der Orthodoxen Kirche)

Vielleicht ist es uns gelungen, Kontakt zu einer orthodoxen Gemeinde aufzunehmen. Vielleicht sind wir sogar in der glücklichen Lage, eine Abordnung dieser Gemeinde bei uns zu haben. Dann gilt für den *ersten Teil* unseres Seniorentreffs dasselbe wie in der Woche zuvor.

Unsere besonderen Erwartungen liegen im zweiten Teil unseres Treffens, in dem der 1. Glaubensartikel zur Sprache kommen soll, zum einen durch gemeinsame Überlegungen zum Artikel, zum anderen durch die gegenseitige Wahrnehmung des anderen Glaubens, der trotz des gemeinsamen Bekenntnisses enstanden ist.

Zweiter Teil

Die Überleitung zur kurzen Beschäftigung mit dem 1. Glaubensartikel bildet wieder das gemeinsame Singen von Liedern, die Gott als Schöpfer herausstellen, zum Beispiel »Lobe den Herren, o meine Seele«, EG 303, V. 1, 2+4. Oder »Du großer Gott, wenn ich die Welt betrachte« oder ein anderes. Von dem folgenden Gespräch können bestimmte Antworten oder Gedanken wieder auf einer Tafel festgehalten werden. Gesprächslänge: nicht über 25 Minuten. Methodisch könnte man etwa so vorgehen:

1. Schritt:

Gemeinsam sprechen wir über den 1. Glaubensartikel.

2. Schritt:

Gemeinsam tragen wir zusammen und halten an der Tafel fest, was den heutigen Menschen hindert, an Gott zu glauben, also auf ihn zu vertrauen.

3. Schritt:

a) Wir nehmen nun aus dem 1. Artikel des Bekenntnisses auf, dass der Glaube sich Gott nicht einbildet. Er schaut vielmehr auf die Schöpfung. Für den Glaubenden weist sie auf einen Schöpfer.[35] Er hat sie gemacht, er hält sie in seiner Hand. Das gibt Geborgenheit und ruft in die Verantwortung gegenüber der Schöpfung.

b) Diesem Gott ist kein Ding unmöglich, was nicht heißt, dass er nicht Unbegreifliches zulässt und seine Glaubenden manchmal in tiefe Anfechtung bringt.

c) Nur von Jesus her, der ihn selbst »Vater« genannnt (Markus 14,36) und der Gottes Verurteilung von seinen Menschen abgewendet hat, können auch wir ihn Vater nennen (Römer 8,14–15). Damit drücken wir nicht nur unseren letzten Ursprung aus, sondern schauen vor allem auf seine uns zugewendete Liebe, von der uns gemäß dem Apostelwort in Römer 8,39 nichts mehr trennen kann.[36]

An dieser Stelle kann ein Liedvers als Überbrückung zum Wort der Gäste gesungen werden. Sie können aber auch sofort das Wort ergreifen.

Das Wort der Gäste:

An dieser Stelle bitten wir (wieder nach vorausgegangener, genauer Absprache) die Gäste um ein Stück Information zu ihrem Glauben. Da dürften wir bei der orthodoxen Kirche auf einen Reichtum stoßen, den wir bei einem einzelnen Treffen überhaupt nicht bewältigen können. Bescheidung der Informationen täte hier gut. Wie wäre es, wenn uns mit schlichten Worten der inhaltliche Ablauf eines orthodoxen Gottesdienstes vorgestellt würde? Oder wenn uns der Sinn und Dienst der Ikonenwand in der Kirche erklärt würde? Oder wenn uns eine Ikone vorgestellt würde?

Und natürlich sollte es auch bei dieser Begegnung zu Fragen und Antworten zwischen Gastgebern und Gästen kommen.

Den Schluss könnte vielleicht ein kürzerer gesungener Gebetsteil aus der orthodoxen Gottesdienst-Liturgie bilden.

Treffen in der Woche nach dem 2. Sonntag nach Trinitatis (In einer katholischen Gemeinde)

Es geht immer noch um Trinitatis anhand des Glaubensbekenntnisses. Das heutige Treffen würde sich nur dann von den beiden vorausgegangenen unterscheiden, wenn wir uns heute aufmachten, Gäste bei einer anderen Kirche zu sein, zum Beispiel bei der römisch-katholischen Gemeinde. Vielleicht lässt es sich tatsächlich organisieren, dass das gesamte Treffen bei einer katholischen Nachbargemeinde stattfinden kann. Das wäre ein Gewinn. Die Kosten für Kuchen und Kaffee des ersten Teils kann man sich teilen oder ganz übernehmen.

Zweiter Teil

Für den zweiten Teil gäbe es bei einem Besuch nicht nur die nicht unwichtige Abwechslung für unseren Seniorentreff. Gast in einer katholischen Gemeinde zu sein, brächte für den gastgebenden Teil vor allem den Vorteil eines »Heimspiels«. Das würde es ihm erleichtern, bei einer Kirchenführung manche Anschauung zu bieten. Er könnte zum Beispiel auf die Verschiedenfarbigkeit der priesterlichen Gewänder eingehen. Er könnte auf das Weihwasser eingehen. Er hätte das Tabernakel da und könnte das erklären. Er könnte in diesem Zusammenhang auch auf das besondere Verständnis der katholischen Eucharistiefeier eingehen. Er könnte die Aufgabe der Messdiener erklären. Und er hätte auch das eine oder andere Marienbildnis da und könnte darauf eingehen. Gerade die Marienverehrung in der katholischen Kirche ist bei uns Protestanten mit manchem Vorurteil versehen, das bei dieser Gelegenheit eventuell ausgeräumt werden könnte. Dabei würde dann zutage kommen, dass Maria natürlich nicht an die Stelle des Erlösers Christus tritt und treten darf.

Die Einmaligkeit Christi zu sehen, wäre in einem ersten Gesprächsteil anhand des 2. Artikels nach dem Kaffeetrinken herauszustellen. Der 2. Artikel weist ja unmissverständlich auf den Erlöser und Vollender der ganzen Schöpfung hin. In ihm gibt es Freiheit und die Hoffnung auf ein neues Leben in »ewiger Gerechtigkeit, Unschuld und Seligkeit«. Auf alles wartet die Schöpfung nach Römer 8,19.

Dass sich aus einem gelungenen Besuch gut ein Gegenbesuch, auch ein nächster entwickeln kann, ist klar. Stoff dafür gibt es in Hülle und Fülle.

Sollte es nicht möglich geworden sein, ein Treffen in einer katholischen Nachbargemeinde zu erreichen, bleiben wir dennoch auch dieses Mal nicht unter uns, sondern haben hoffentlich Gäste aus einer katholischen oder aus einer anderen Gemeinde unter uns.

Dann würde der erste Teil unseres Treffens wie in den Treffen mit Gästen zuvor ablaufen können. Die Überleitung zum kurzen Bedenken des 2. Artikels im zweiten Teil könnte durch Lieder wie »Jesus ist kommen, Grund ewiger Freude«, EG 66, oder »Jesus Christus herrscht als König«, EG 123, oder » Jesu, meine Freude«, EG 396 geschehen.

Verlauf

1. Schritt:
Den zweiten Teil beginnen wir mit dem Lesen des 2. Artikels.

2. Schritt:
Wir gehen auf den Inhalt ein und unterstreichen dabei folgende Gedanken.

a) Weithin wird bei einer Behandlung Jesu in der Literatur oder auch im Vollzug des Lebens seine Menschlichkeit betont. Seine Bedeutung für den Glaubenden liegt dann in einer ethischen Vorbildfunktion, die aber nicht zwingend erscheint. Man könnte sich auch einem anderen Vorbild anschließen. Auf dieser Linie sehe ich die Ausführungen von Franz Alt in seinem Buch »Jesus – der erste neue Mann«[37].

Wir wollen nicht kleinlich sein. Natürlich hat Jesus auch ethische Vorbildfunktion. Aber hier tun sich doch Fragen auf! Wenn es nur noch um eine Vorbildlichkeit bei ihm geht, dann wird seine Liebe der Inhalt sein, die ich für mein Leben in dieser Welt zu übernehmen versuche. Aber: Bin ich wie er auch bereit zu sterben, wenn diese Liebe in dieser Welt scheitert? Einmal davon abgesehen, dass wir bei der Praktizierung von Liebe in dieser Welt im Sinne Jesu wahrscheinlich auf halbem Wege stehen bleiben, übersehen wir doch wohl, dass seine Liebe bis in den Tod noch eine ganz andere Funktion hatte.

b) Jesu Liebe bis in den Tod hatte nicht in erster Linie eine neue Ethik zum Ziel, sondern die Versöhnung der Welt mit Gott. Wenn das nicht mehr festgehalten wird, dann sind alle Rechtfertigungsgedanken im Neuen Testament hinfällig. Dann ist 2. Korinther 5,19-21 hinfällig. Dann ist Golgatha wirklich die Jesus-Katastrophe, die wenig interessiert. Die neue Ethik ist nur aufgrund des Erlösungsgedankens interessant. Wenn Jesus uns durch seine Liebe bis in den Tod zu neuen Menschen macht, dann haben wir in der Tat in einem neuen Verhalten zu leben. Darum wird Jesus im 2. Glaubensartikel von der alten Kirche nicht umsonst vor allem als Erlöser beschrieben. In diesem Sinne redet auch das ganze Neue Testament.

Nach diesen gemeinsamen Überlegungen bitten wir die Gäste um ihr Wort und kommen dann in ein hoffentlich gutes Gespräch.

Wort der Gäste.

(Sollten wir Brüder und Schwestern aus der katholischen Kirche bei uns haben, könnten wir um Stellungnahme zu Fragen im oben genannten Sinne bitten. Sollten wir andere Gäste haben, sollten sie von dem erzählen, was ihnen am 2. Artikel wichtig erscheint.)

Treffen in der Woche nach dem 3. Sonntag nach Trinitatis (Begegnung mit charismatischen Christen)

Auch bei diesem Treffen sind Gäste geladen. Dieses Mal Gäste einer charismatischen Gemeinde, von der Heinz Zahrnt in seinem Buch »Gotteswende« sagt: »Hier scheint es jene unmittelbare persönliche Gotteserfahrung zu geben, die viele Anhänger der Neuen Religiosität in den christlichen Kirchen vergebens gesucht haben. In der wieder entdeckten persönlichen Beziehung zu Jesus Christus erfährt der Gläubige neu die Gegenwart des Heiligen Geistes, wie er durch seine Gnadengaben in den Gemeinden sichtbar wird. Das Ziel ist, die geistlich arme Volkskirche, die dem Tode nahe zu sein scheint, zu neuem Leben zu erwecken. Am liebsten sollen alle Christen Charismatiker werden. Dabei schwankt man zwischen Integration und Absolutheitsanspruch. Während die einen nur die vorhandenen Gemeinden mit dem Heiligen Geist so kräftig wie möglich durchdringen möchten, ›powern‹ die anderen im Namen des Geistes, denken an die Eroberung der Kirche oder betreiben den Austritt aus ihr.«[38] Heinz Zahrnt empfiehlt: »Wer die ›Geistliche Gemeindeerneuerung in der evangelischen Kirche‹ kennen lernen will, . . . muss ihr Gottesdienste besuchen. In ihnen kann man etwas vom Wehen des Geistes Gottes spüren. Sie sind überfüllt wie sonst die Kirchen nur zu Weihnachten, und es herrscht in ihnen eine Ursprünglichkeit und Lebendigkeit, die in keinem Augenblick Langeweile aufkommen lässt.«[39]

Da wir mit unserem Seniorentreff in der Woche kaum einen Gottesdienst besuchen können, bleiben nur kleinere Möglichkeiten der Begegnung, um vielleicht auch da etwas von dem »Wehen des Geistes« zu erfahren. Und um den Geist geht es ja im 3. Artikel.

Ich halte eine Begegnung auch deshalb für wichtig, weil die charismatische Bewegung im evangelischen Raum nach meinem Empfinden nicht auf die Akzeptanz gestoßen ist, die die charismatische Bewegung in der katholischen Kirche erhalten hat.

VERLAUF

Erster Teil

Wir eröffnen unsere Kaffeerunde mit einem Lied, begrüßen kurz die Gäste und stellen uns wieder in aller Kürze vor. Im Informationsteil bitten wir die Gäste um eine kurze Vorstellung ihrer Gemeinde und der Gruppe oder Aktivität, aus der sie kommen. (Da es wie bei allen anderen Christen auch unter den Charismatikern Menschen mit moderaten Ansichten und auch solche mit sehr extremen gibt, sollten wir bei der Kontaktaufnahme mit einer charismatischen Gemeinde auf theologisch solide Ansichten achten.)

Nachdem der erste Teil beendet ist, führen wir mit einem Pfingstlied hinüber zum zweiten Teil unseres Treffens, zum Beispiel mit dem Lied »O Heilger Geist, kehr bei uns ein«, EG 130.

Zweiter Teil

1. Schritt:
Gespräch über den 3. Artikel. Dabei wird es in den 25 Minuten des gemeinsamen Gesprächs nicht um alles gehen können, was Inhalt des 3. Artikels ist. Es sollte um den Heiligen Geist gehen.

Da er eine unsichtbare und darum ja auch zu glaubende Größe ist, sollten wir uns vor allem darüber Klarheit verschaffen, was denn Zeichen dieser Kraft sind. Da liefert uns das Neue Testament selbst Stoff genug.

a) Als Gott die betenden Jünger in Jerusalem mit seinem Heiligen Geist beschenkt hatte, stand Petrus auf und begann eine Predigt zu halten. Der Mann, der vor gar nicht langer Zeit noch seinen Herrn verleugnet hatte. Nun war keine Angst mehr da. Und die von Angst befreite Predigt wollte nur eines: Jesus Christus verkündigen. Das ist denn auch die erste Aufgabe des Heiligen Geistes, dass er Jesus Christus bezeugt.

b) In dieselbe Richtung deutet das Apostelwort aus 1. Korinther 12,3: »Niemand kann Jesus den Herrn heißen ohne durch den heiligen Geist.« Was nun auch heißt: Wenn jemand Jesus einen (genauer: seinen) Herrn nennt, tut er das im Heiligen Geist.

c) Damit wären wir dann auch bei der geglaubten Gemeinde. »Geglaubt« bezieht sich auf die unsichtbare Gemeinschaft der sich auf Christus berufenden oder ihn bekennenden Menschen. Wohl sind sie zu sehen. Wohl ist ihr Tun zu messen. Aber ob sie solche sind, die wie Thomas von Jesus sagen: »Mein Herr und mein Gott« (Johannes 20,28), das können wir nicht sehen. Das müssen wir Menschen glauben, die es uns sagen. Die Gemeinde Christi hat keine gläsernen Menschen.

So hätten wir zwei besondere Kriterien für den Heiligen Geist: Er bezeugt Jesus Christus, er schließt ihn Menschen auf, wie Luther es in seiner Erklärung zum 3. Artikel sagt, und er bildet Gemeinde, und zwar lebendige Gemeinde, die wir nicht durch diesen oder jenen Aktivismus erreichen, sondern die einzig und allein der Heilige Geist schafft.

2. Schritt:
Das Wort der Gäste.

Nun sollen die Gäste aus der charismatischen Gemeinde zu Wort kommen. Sie könnten uns zum einen sagen, weshalb sie in dieser Gemeinde sind. Vielleicht käme dabei manches Fehlverhalten in unserer Kirche zutage, ein Verhalten, das sich nicht mit einem Leben im Heiligen Geist vereinbaren lässt.

Da sie als Gemeinde den Finger besonders auf den 3. Artikel legen, könnten sie eventuell auch noch weitere Zeichen des Heiligen Geistes hinzufügen. Vielleicht würden sie etwas vom Zungenreden berichten, vielleicht auch von einer Heilung, vielleicht auch davon, wie Menschen zum Glauben kommen und sich taufen lassen. Und vielleicht gibt es bei ihnen gerade eine Aktivität, die besonders viel Freude macht. Als wir eine Gruppe aus der charismatischen Gemeinde bei uns zu Gast hatten, fiel uns ihre Herzlichkeit auf, mit der sie miteinander und mit uns umgingen.

Und dann müssten wir natürlich auch Fragen stellen. Etwa: Ob sie der Meinung sind, der Heilige Geist sei nur bei den Charismatikern. Ob alles Zungenreden echt sei. Worauf sie den größten Wert legten usw.

Den Schluss könnte Luthers Erklärung zum 3. Artikel bilden. Falls wir genügend Gesangbücher haben, könnten wir diese Erklärung gemeinsam sprechen.

Treffen in der Woche nach dem 4. Sonntag nach Trinitatis (Ausflug)

An diesem Tag schließen wir mit unseren Seniorentreffs die erste Jahreshälfte ab und legen eine 4- bis 6-wöchige *Pause* ein. Eine

Pause ist für alle eine Hilfe. Zum einen sind wir mit unseren Treffen in die Sommerzeit gekommen. Sommerzeit ist Ferienzeit. Sommerzeit ist Reisezeit auch für unsere Senioren. Sie machen ihre Besuche bei ihren Angehörigen und Verwandten. Manche fahren auch in den Urlaub.

In den Urlaub fahren auch die Hauswarte und Reinigungskräfte unserer Gemeindehäuser. So ist jede Gruppe, die sich während dieser Zeit trifft, für die noch verbleibenden Kräfte eine Belastung. Also ist eine Pause auch von daher sinnvoll.

Sinnvoll nun aber auch für die, die für die Seniorentreffs verantwortlich sind. Sie müssen sich in der Sommerzeit schon wieder um Programme für die zweite Jahreshälfte bemühen. Dazu sind Ideen nötig, Absprachen mit Busfirmen, Besuchsstätten und mit Restaurants. Eine Pause wird für sie im wahrsten Sinne zur *schöpferischen Pause.*

Als Abschluss unserer Seniorentreffs am Ende der ersten Jahreshälfte hat sich ein Tagesausflug bewährt. Wenn unser Seniorentreff groß genug ist und sich einen Bus für einen Ausflug leisten kann, haben es alle Teilnehmern leichter. Ein Bus kommt zu uns. Wir steigen an unserem Gemeindehaus ein. Wir können fahren, wohin wir möchten. Der Bus ist beweglicher als die Bahn und darum zu empfehlen. Ist die Gruppe so klein, dass auch ein Kleinbus zu groß ist, bleibt nur noch die Fahrt als Gruppe mit der Bahn.

Die Vorbereitung eines solchen Ausflugs beginnt mit der Absprache über ein Ziel mit den Senioren. Gemeinsam gefundene Ziele sind auch gemeinsam getragene Ziele. Die Vorbereitung schließt weiter die Suche nach einem günstigen Buspreis ein, ein Restaurant, in dem wir zu Mittag speisen können, manchmal ein weiteres Restaurant, in dem wir Kaffee trinken können.

Soll am Ausflugsziel eine Führung (durch ein Museum, einen Wald, einen Tierpark oder dergleichen) stattfinden, muss natürlich auch eine Führung bestellt werden.

Aus allem ergibt sich der Fahrtpreis, der allen rechtzeitig bekannt gemacht werden muss. Günstig ist, wenn die Seniorenkasse so viel Geld hat, dass die Buskosten von ihr übernommen werden können.

Es ist dann nur noch eine Fahrtenliste anzulegen, in die sich jeder Teilnehmer eintragen muss, damit es zum einen keinen Streit darüber gibt, ob sich jemand angemeldet hat oder nicht, und zum anderen ein Überblick über die Zahl der Mitfahrenden möglich wird. Wir können bei Ausbuchung der vorhandenen Plätze die Liste schließen, bei Nichtausbuchung noch einmal eine Werbung starten.

Parallel zur Fahrtenliste muss eine Essensliste angelegt werden. In sie trägt sich jeder für eines der drei Gerichte ein, die uns ein Restaurant angeboten hat. Es ist eine große Hilfe, wenn man zur Gaststätte kommt und weiß: Für uns sind 30 Zander, 8 Schnitzel und 12 Eisbeine zubereitet. Das vermeidet langes Warten bei den Ausflüglern und Hektik in der Küche.

Wo sich bei solchen Ausflügen Traditionen ergeben haben, kann auch das zu einer Hilfe bei Abschlussfahrten werden. Nach der Wende haben wir Berliner sofort das Umland mit seinen Kirchen, Klöstern und Seen aufgesucht. Die Müritz in Mecklenburg hat uns beim ersten Ausflug für einen solchen Tag besonders zugesagt. Seitdem führen wir unseren Abschlusstag hier durch.

Die Fahrt an die Müritz beginnt um 8.30 Uhr. Mit einem Abstecher geht es zunächst nach Linum ins Gebiet der Störche. Langsame Fahrt durchs Storchendorf. Bei gutem Wetter kurzer Ausstieg für Aufnahmen. Um etwa 11.00 sind wir in Röbel. Spaziergang an der Uferpromenade. Wer ganz flink ist, kann noch auf den Turm der Johanneskirche und bei guter Sicht ein wunderbares Panoramafoto einfangen. Um 12.00 Uhr Mittagessen. Um 14.00 Uhr Beginn der dreistündigen Bootsfahrt auf der Müritz bis in den Kölpinsee und zurück. Kaffee und Kuchen auf dem Schiff. Spätestens um 17.00 Uhr Abfahrt nach Berlin. Ankunft in Berlin um etwa 19.00 Uhr. Alle sind dankbar für den schönen Tag.

Der Abschluss kann anders aussehen. Jeder Seniorentreff muss die Möglichkeiten ausschöpfen, die er in seinem Lebensraum vorfindet. Es sollte bei solchen Fahrten auf jeden Fall ein besonderes (wenigstens ein!) Erlebnis geboten werden.

Treffen in der Woche nach dem 10. Sonntag nach Trinitatis (Dias aus dem Urlaub)

Wir haben die Sommerpause beendet und befinden uns im Monat August und damit voll in der Trinitatiszeit. In ihr werden wir auch fast bis zum Ende des Kirchenjahres bleiben, ehe wir dann wieder zur Weihnachtszeit kommen.

Die Trinitatiszeit ist die längste Zeit im Kirchenjahr. Sie hat wenige festliche Höhepunkte im protestantischen Raum. Die bekanntesten Feste sind das Erntedankfest nach dem Michaelistag am 29. September und das Reformationsfest am 31. Oktober. Besonderes Gewicht hat im Anschluss der letzte Sonntag, der Ewigkeitssonntag, der als »Totensonntag« bekannter ist. In manchen Gemeinden wird auch noch der Johannistag als Gedenktag an Johannes den Täufer am 24. Juni begangen. Aber das ist selten.

Man kann die Trinitatiszeit als Zeit nach Pfingsten unter dem Gedanken der *Wirkung des Heiligen Geistes* sehen. Diese Sicht hilft uns, unsere Seniorentreffs auch in dieser Zeit mit Programmen zu füllen, die einen christlichen Inhalt erkennen lassen.

Da sich das Wirken des Heiligen Geistes vielfältig äußert, werden wir hier trotz der langen Trinitatiszeit nur einige Beispiele seines Wirkens aufzeigen können. Und da das Wirken des Geistes sich durch Menschen zeigt, empfehle ich, sich in dieser Zeit mit Frauen und Männern zu beschäftigen, die für den christlichen Glauben in verschiedener Weise auf verschiedenen Bühnen des Lebens tätig gewesen sind. Wir können sie in der direkten Verkündigung antreffen, wir finden sie im sozialdiakonischen Dienst. Wir finden sie als Pädagogen, als Architekten, in der Musik und woanders im Dienste ihres Herrn. So viel in aller Kürze. Und nun konkret zu einem Programmvorschlag für die Woche nach dem 10. Sonntag nach Trinitatis und nach der Sommerpause.

Das erste Treffen nach der Sommerpause ist ein Treffen der Sammlung oder auch ein neuer Start. Angebracht wäre so etwas wie ein »Paukenschlag«, also etwas besonders Anziehendes. Aber ein »Paukenschlag« braucht viel Einsatz. Und sollte aus irgendeinem

Grunde sich doch nicht die Menge unserer Senioren rufen lassen, dann wären wir enttäuscht, weil unser Einsatz zu wenig Beachtung gefunden hätte.

Darum ist einem »Paukenschlag« doch ein bescheidenerer Start vorzuziehen, zum Beispiel *Dias von einer Reise,* die schon Jahre zurückliegt, an der aber viele von uns beteiligt waren. Oder Dias von einem Ort oder von einer Gegend. Vielleicht können wir sogar einen Heimatverein einschalten, der sich freut, uns die neueste Kollektion seiner Arbeit vorzustellen. Oder der oder die Leiter des Seniorentreffs waren selbst unterwegs und haben Dias von ihrem Urlaubsort mitgebracht. Kurzum: Lichtbilder werden, wenn sie gut sind und nicht in übermäßiger Zahl gezeigt werden (höchstens 100–150 bei einem Treffen) gerne gesehen. Und außerdem können bei diesem Programm auch mündliche Berichte von mehreren Teilnehmer einfließen. Und falls auch sie Dias aus ihrem Urlaub mitgebracht haben, dürfen sie diese ebenfalls (natürlich nach vorheriger Absprache!) zeigen.

Damit haben wir einen guten Start nach der Sommerpause und können das nächste Mal thematisch im Sinne der Trinitatiszeit werden.

Treffen in der Woche nach dem 11. Sonntag nach Trinitatis (Thema: Beruf Pfarrer)

Das Wirken des Heiligen Geistes zeigt sich in tausendfältiger Weise. Er nimmt Menschen mit verschiedenen Begabungen, an verschiedenen Orten und zu verschiedenen Aufgaben in den Dienst in und an dieser Welt. So kommt es, dass der eine predigt, der andere pflegt; der eine verwaltet, der andere baut; der eine schreibt, der andere musiziert usw. Alles »soli Deo gloria« und alles zum Wohl der Menschen. Und in allen Äußerungen des Geistes wird immer das Evangelium von Jesus Christus bezeugt. Der Heilige Geist kann es nicht anders.

Wir wollen mit dem elementarsten Wirken des Geistes beginnen, und das ist die Verkündigung des Evangeliums. Sie geschieht wiederum auf tausendfältige Weise und an verschiedenen Orten. Unter anderem durch Pastoren, Pfarrer oder Prediger und natürlich auch durch andere mit der Verkündigung beauftragte Mitarbeiter in Kirchen, Freikirchen und Gemeinschaften, zum Beispiel durch Mitarbeiter in der Jugendarbeit oder in der Diakonie.

Darum schlage ich für die Woche nach dem 11. Sonntag nach Trinitiatis vor, sich mit einem Verkündiger zu beschäftigen. Schauen wir uns rechtzeitig nach einem Verkündiger um, der uns nahe steht, und laden wir ihn zu diesem Vorhaben ein. Da der Pfarrer für unsere Breiten immer noch die bekannteste Person ist, die für die Verkündigung zuständig ist, wäre es doch interessant, diesen Beruf einmal näher anzusehen.

Erster Teil

Sollte der Gast schon zu Beginn unseres Treffens bei uns sein, so wird er natürlich an irgendeiner Stelle, am besten gleich am Anfang, begrüßt. Ansonsten hat der erste Teil unseres Treffens keine Besonderheiten.

Zweiter Teil

Wir haben natürlich mit dem anwesenden Pfarrer vor dieser Veranstaltung gesprochen und unsere Wünsche vorgetragen. Wir möchten ein möglichst umfassendes Bild von einem Beruf gewinnen, von dem manche sagen, man müsse da nur sonntags zwischen 10 und 11 Uhr etwas tun.

1. Schritt:
Der Pfarrer erhält das Wort und berichtet in einem ersten Gedankenbogen, wie er gerade zu dieser Berufsentscheidung gekommen ist und wie sich seine Ausbildung dann gestaltet hat. Anschließend ist Gelegenheit für Fragen oder Stellungnahmen aus dem Seniorenkreis.

2. Schritt:

In einem weiteren Gedankengang kann er nun aus seiner Dienstpraxis berichten. Dabei sollte Positives und Negatives zur Sprache kommen, vor allem, ob er mit seinem Dienst Menschen erreicht und ihnen ein Helfer sein kann, vielleicht sogar ein Helfer zum Glauben an Gott und seinen Christus.

Daran schließt sich wieder ein Gespräch an, zumindest sollte es versucht werden.

3. Schritt:

In einem letzten gedanklichen Bogen könnte er auf die Krise eingehen, in die auch dieser Beruf gekommen ist, und schildern, an welchen Stellen sich das in seinem Dienst ganz deutlich zeigt. Hans Wulfs Buch »Pfarrer – wie lange noch?«, das 1971 erschienen ist[40], zeigt, dass die Krise dieses Berufs sich schon vor Jahrzehnten angedeutet hat.

Wieder könnte ein Gesprächsgang folgen.

4. Schritt:

In diesem letzten Teil sollte uns der anwesende Pfarrer eine Andacht von nicht mehr als 8 Minuten halten und mit uns beten.

Es wäre schön, wenn wir dem Dank mit Worten noch ein kleines konkretes Zeichen beifügen würden. Irgendetwas fällt uns dazu gewiss ein.

Treffen in der Woche nach dem 12. Sonntag nach Trinitatis (Thema: Kirchenbauten)

Haben wir uns in unserem letzten Seniorentreffen mit dem Beruf des Pfarrers (oder eines anderen Verkündigers) befasst, so soll uns heute der *Ort der Verkündigung* beschäftigen. Der Ort, an dem das Evangelium gepredigt wird, ist nicht festgelegt. Er kann ein Fabriksaal, ein Wald, eine Wohnung, ein Stadion, er kann die Straße sein. Aber wenn sich eine Gemeinde über Jahre, ja, über Jahrzehnte oder gar

Jahrhunderte an ein und demselben Ort zum Hören des Evangeliums, zum Lob und zur Anbetung Gottes versammelt, dann wird sie diesen Ort im Laufe der Zeit auch von der Liebe zur Sache und letztlich auch bewegt vom Heiligen Geist besonders gestalten. Der Raum kann zur Anbetung und zum Lob Gottes beitragen. Und er kann bei der Verkündigung und beim Hören des Evangeliums helfen. So ist der sakrale Raum, die Kirche, als Versammlungsstätte der anbetenden Gemeinde entstanden.

Liegt es von daher nicht nahe, sich auch in einem Seniorentreffen mit dem sakralen Raum zu beschäftigen? Eine Kirche unter die Lupe zu nehmen oder überhaupt einmal in die Geschichte des Kirchbaus hineinzuschauen? Oder sich einmal darüber klar zu werden, was denn eigentlich der Unterschied zwischen Basilika, Dom, Kathedrale und Münster ist? Bei diesem Unternehmen kann uns eine kompetente Kraft viel Arbeit abnehmen. Wir müssen uns natürlich rechtzeitig um eine solche bemühen.

Ich schlage für dieses Treffen *die Beschäftigung mit einer Basilika* vor. Wenn wir uns heute in der Theorie mit dieser Kirche beschäftigen, können wir zur gegebenen Zeit einen Basilikabesuch nachholen. Wir werden bei diesem Besuch mit einem ganz anderen Interesse dabei sein.

Da sich für den ersten Teil des Treffens keine Besonderheiten ergeben, gehen wir gleich zum zweiten Teil des Treffens, zu dem wir mit einem Lied wie »Tut mir auf die schöne Pforte«, EG 166, überleiten können. Sollten wir unseren Gast nicht schon im ersten Teil begrüßt und vorgestellt haben, dann kann das an dieser Stelle geschehen. Danach übergeben wir ihm oder ihr das Wort.

Zweiter Teil

1. Schritt:
Informationen zur Basilika. Vielleicht gibt es dazu Zeichnungen oder Dias oder sogar beides.

Oder: Informationen zur Basilika, zum Dom, zur Kathedrale und zum Münster.

2. Schritt:

Wir stellen unsere Fragen zum Gehörten, vielleicht auch Fragen, die wir schon beim Besuch einer Basilika gewonnen hatten, die uns aber bisher niemand beantwortet hat.

Wir können schließen mit der Lesung von Lukas 19,45-48 und mit einem Vaterunser. Wer keinen Referenten findet, dem ist eventuell mit einer Diaserie geholfen, die er bei der kirchlichen oder städtischen Medienzentrale erhalten kann. Sollte auch hier Fehlanzeige sein, so empfehle ich das Material, das bei Hubertus Halbfaß zu finden ist[41].

Letzte Ausweichmöglichkeit ist eine – vielleicht sogar *unsere* – Dorfkirche am Ort, mit der wir uns beschäftigen können. Dabei kann uns der Gemeindepfarrer oder eine andere Person, die sich mit dieser Kirche beschäftigt hat, helfen.

Treffen in der Woche nach dem 13. Sonntag nach Trinitatis (In unserer Kirche)

Heraus aus der Theorie. Hinein in die Konkretion. Wir besuchen heute eine Kirche in unserer nächsten Nähe. Vielleicht liegt sie so nahe bei unserem Seniorentreff, dass unser Kaffeetrinken wie gewöhnlich stattfinden kann. Wenn nicht, dann müssten wir das Kaffeetrinken verkürzen oder gar in den Vorraum unserer zu besuchenden Kirche verlegen.

Ziel soll heute sein, die Kirche einmal außerhalb des Gottesdienstes zu erleben, um sie von einer ganz anderen Seite kennen zu lernen.

Wir haben dazu wieder den oder einen zuständigen Pfarrer gewinnen können. Er ist bereit, uns etwa eine Stunde durch die Kirche zu führen und dabei etwa so vorzugehen:

Schritt 1:
Kurze Informationen zu den Erbauern und ihrer Zeit. Für Dorfkirchen in Städten sehr interessant. Ich denke an die Gründung des

Dorfes Tempelhof durch den Orden der Tempelherren, der auch die Dorfkirche erbaute..

Schritt 2:
Erklärungen der in der Kirche befindlichen Gemälde, Symbole und Fenster, auch ein Wort zur Kanzel und zum Altar (oder Abendmahlstisch), zur Altarbibel, zu den Kerzen, zum Taufbecken. Dazwischen immer Beantwortung von Fragen, das macht alles lebendiger.

Schritt 3:
Gemeinsamer Gang zur Sakristei. Konfirmanden sehen hier den Ort, »wo immer das Geld gezählt wird«. Darum Informationen zur Sakristei, von da ein Blick, wenn möglich, auf die Orgel und schließlich, wenn noch Zeit bleibt, ein Wort zur Liturgie.

Alles in einem lockeren Gespräch. Alles abschließend mit einer kurzen Andacht oder nur mit einem Lied, bei dem sich der Seniorentreff einmal alleine singend in der Kirche hört.

Treffen in der Woche nach dem 14. Sonntag nach Trinitatis (In einer bedeutenden Kirche)

Das günstige Septemberwetter sollten wir für einen ganztägigen (oder zumindest halbtägigen) Ausflug nutzen. Ziel könnte ein Dom, ein Münster, eine Basilika oder eine Klosterkirche sein. Vielleicht leben wir mit unserem Seniorentreff ganz in der Nähe einer bekannten Kirche, die uns aber noch nie näher erklärt worden ist. Darum lohnt es sich, hinzufahren und unter einer sachkundigen Führung sich eine bedeutende Kirche erschließen zu lassen.

Seniorenkreisen in Berlin und im Umland Berlin empfehle ich den Berliner Dom, die Nicolai-Kirche in Potsdam, die Klosterkirche zu Jerichow, die Kirche des Klosters Zinna oder – in Verbindung mit einer Besichtigung der Wirkungsstätte Ernst Barlachs – den Dom zu Güstrow, wo auch der »Schwebende Engel« Ernst Barlachs zu sehen ist. Seniorenkreise in anderen Gegenden müssen ihre eigene Kirchenwelt sondieren.

Jeder Vorschlag bedarf natürlich der Einbindung in einen ganzen Tagesablauf mit Mittagessen und Kaffeetrinken. Das verursacht einige Mühe, aber sie lohnt sich. Das zeigen solche Tagesausflüge immer wieder.

Möglicher Verlauf

9.00 Uhr: Abfahrt nach . . . Nach Ankunft im Zielort: Führung durch . . .

Etwa 12 (12.30) Uhr Mittagessen, danach eventuell Stadtrundfahrt oder Besichtigung einer weiteren Sehenswürdigkeit am Ort oder Fahrt durch die Umgebung mit anschließendem Spaziergang an einem See oder durch einen Wald.

Etwa 15.30 Uhr Kaffeetrinken, danach Heimfahrt.

Treffen in der Woche nach dem 15. Sonntag nach Trinitatis (Das Pflegeheim)

Der Heilige Geist hat es nicht nur mit der Verkündigung und also mit dem Verkündiger und mit dem Verkündigungsort zu tun. Er sendet auch in den Dienst am kranken Menschen. Müßig die Überlegungen, ob die Verkündigung zur Diakonie gehört oder die Diakonie die andere Seite der Verkündigung ist. Fest steht, dass die Diakonie der Verkündigung von Anfang an zur Seite stand (vgl. Apostelgeschichte 6,1-7).

Deshalb haben wir zu unserem heutigen Treffen Kontakt zu einem christlichen Pflegeheim aufgenommen und jemanden von der Leitung und auch eine Pflegkraft zu uns eingeladen. (Früh anfragen!) Die Vertretung der Hausleitung soll uns über das Haus informieren und uns etwas über die Ausstattung, über die Abwicklung der Formalitäten bei Eintrittswunsch, über zu beachtende Bedingungen des Hauses bis hin zum Wohnpreis mitteilen. Die Pflegekraft soll uns unter dem Thema »Ein Tag im Haus . . . aus der Sicht des

Heimbewohners und der Pflegekraft« über einen Tagesablauf in ihrem Pflegeheim informieren.

Sollte kein christliches Pflegeheim in der Nähe sein, müsste der Kontakt zu einem städtischen oder zu einem Heim eines anderen Trägers gesucht werden. Es dürfte bei längerfristiger Planung keine Schwierigkeiten geben, Vertreter eines Heimes zu gewinnen. Die Heime erhalten auf diese Weise Gelegenheit sich darzustellen, und dafür ist immer Interesse da.

VERLAUF

Erster Teil

Wenn die Gäste schon zu Beginn unseres Treffens erscheinen, weil sie schon ein Stückchen Stimmung einfangen möchten, dann werden sie gleich am Anfang unseres Beisammenseins vorgestellt werden. Ansonsten läuft der erste Teil nach dem bekannten Muster ab.

Zweiter Teil

1. Schritt:
Kurze thematische Einführung durch den Leiter des Seniorentreffs (höchstens 2–3 Minuten).

2. Schritt:
Informationen der Hausleitung im oben angedeuteten Sinne (eventuell mit Dias).

3. Schritt:
Fragen der Senioren, Gespräch mit der Leitung.

4. Schritt:
Bericht der Pflegekraft über den Ablauf eines Tages für Patienten und Pflegekräfte.

116

5. Schritt:
Fragen der Senioren und Gespräch mit der Pflegekraft.

6. Schritt:
Verteilung eventuell vorhandener schriftlicher Materialien zum Heim. Dank an die Gäste (ein Blumenstrauß macht sich dabei immer gut!), Verabschiedung der Gäste und der Senioren, gemeinsames Vaterunser.

Treffen in der Woche nach dem 16. Sonntag nach Trinitatis (Thema: Engel)

In der Trinitatiszeit sind wir, abgesehen von dem großen Thema »Wirsamkeit des Heiligen Geistes«, thematisch frei. Ende September kommt indessen der Michaelistag auf uns zu, im protestantischen Raum nicht allzu sehr beachtet. Gerade deswegen könnte dieser Tag, der ja dem Erzengel Michael gewidmet ist, Anlass sein, sich im Seniorentreff prinzipiell mit dem Thema »Engel« zu beschäftigen, dabei natürlich auch mit dem Erzengel Michael. Wer kennt ihn denn schon so genau?

Beides zusammen ist für *ein* Treffen eine Überforderung. Darum schlage ich vor, das Vorhaben auf zwei Nachmittage zu verteilen und mit einigen prinzipiellen Aussagen zum Thema »Engel« zu beginnen.

Wer sich dazu eingehender informieren möchte, sei auf den Beitrag »Engel« im Biblisch-theologischen Handwörterbuch, herausgegeben von Edo Osterloh und Hans Engelland, verwiesen[42], auf das Evangelische Lexikon für Theologie und Gemeinde, auf die RGG und das EKL zur Sache. Aus den Dogmatiken empfehle ich Wolfgang Trillhaas.[43]

Es kann nicht Aufgabe eines Seniorentreffs sein, die *ganze* Breite des Themas zu diskutieren, was nicht heißen soll, dass nicht auch kritische Fragen gestellt und – wo möglich – beantwortet werden. Es sollte aber Aufgabe sein, auch durch dieses Thema Gottes bergende und behütende Macht zu verkündigen, wonach gerade der älter werdende Mensch aus mehreren Gründen fragt.

Ob wir dieses Thema aufnehmen und zu unserem Programm im Seniorentreff machen werden, wird sehr stark davon abhängen, ob wir auch in unserer Zeit eine unsichtbare Welt glauben können. Denn Engel gehören – wenigstens zu einem Teil – dieser unsichtbaren Welt an. Es dürfte möglich sein, weil wir ja an den unsichtbaren Gott in seiner unsichtbaren Welt und sein Wirken in unserer sichtbaren Welt glauben.

In unserer Abendmahls-Liturgie stellen wir uns zum Lobpreis des heiligen Gottes neben den Engelchor, wenn wir einleitend sagen: »Darum mit allen Engeln und Erzengeln und mit dem ganzen himmlischen Heere singen wir deiner Herrlichkeit einen Lobgesang und bekennen ohne Ende . . .« Auch diese sonntägliche Erfahrung sollte uns ermutigen, uns im Seniorentreff den Engeln zuzuwenden.

Erster Teil

Es liegt keine Besonderheit vor, also vollzieht sich der erste Teil wie bekannt. Wir leiten zum zweiten Teil über mit dem Lied »Jesus Christus herrscht als König«, EG 123, wo ja im 2. und 4. Vers auf die himmlischen Mächte Bezug genommen wird.

Zweiter Teil

Die Behandlung des Themas könnte – unter Zuhilfenahme der Tafel – etwa so vor sich gehen:

1. Schritt:
Wir tragen zusammen und halten auf einer Tafel fest, was uns zum Thema »Engel« einfällt. (Eventuell kommen Antworten wie: »Wort für gutes Wesen«, »Ausdruck für gute Menschen«, »Gottes dienstbare Geister zum Schutz für Menschen« usw.) Vielleicht hat jemand ein eigenes Erlebnis, das er erzählten möchte.

Oder/und: Wir tragen zusammen, wo wir in unserer Kultur auf

Engel stoßen. Etwa im Film (»Der blaue Engel«) oder im Schlager (»Frauen sind keine Engel«) oder auf Friedhöfen auf Reliefs oder Statuen an Gräbern, an Portalen, auf Gemälden, in Kirchen, in Liedern.

Diesem »sanften Einstieg«, der nicht länger als 15 Minuten dauern sollte, schließen wir nun einen weiteren Gedankenkreis an, in dem wir persönlich Stellung beziehen können.

2. Schritt:

Wir lesen zunächst aus »Engel – die unsichtbaren Boten«[44] die Antwort Joan Wester Andersons auf die Frage: »Wodurch wird Ihr Interesse an Engeln geweckt?«, und fragen uns dann: Glauben *wir* noch an Engel?

Diese Frage ist sinnvoll, weil wir eine christliche Gemeinschaft oder Gruppe sind, die aufgrund ihrer Basisbücher Bibel und Gesangbuch (oder eines anderen Liederbuchs), die beide von Engeln erzählen, noch einen »Engelglauben« haben könnten.

Diese Frage ist sinnvoll, weil wir unter uns auch solche haben, die nicht mehr von Bibel und Gesangbuch geprägt sind und darum ihre Fragen zu Engeln haben. (Es ist im Übrigen durchaus ein Gütezeichen, wenn sich zu unseren Treffen auch solche Senioren einfinden und wohl fühlen, die von der christlichen Tradition nicht mehr geprägt sind.) Aber auch Menschen, die viele Jahre im Glauben stehen, können hierzu Fragen haben. Alle Fragen müssten im Gespräch aufgenommen werden.

3. Schritt:

In einer dritten Gesprächsphase (die sich auch an die erste anschließen könnte) versuchen wir die Bibel zu hören, indem wir wieder gemeinsam zusammentragen, wo von Engeln die Rede ist. Dabei müsste in aller Kürze Jakobs Traum aus 1. Mose 28,12 zur Sprache kommen, wo Jakob die Engel auf einer Leiter auf- und niedersteigen sieht. Es müsste das Erlebnis Elias aus 1. Könige 19,5-7 genannt werden, wo ihm jemand etwas zu essen bringt und zum Essen auffordert. Es könnte der Besuch der drei Männer bei Abraham im

Hain Mamre zur Sprache kommen (1. Mose 18,1-15). Auch einige Psalmstellen könnten genannt werden, zum Beispiel 91,11; 103,20.

Aus dem Neuen Testament wäre Matthäus 1,18-25 zu nennen, wo Josef einen Engel im Traum erlebt, der ihn anweist, wie er sich Maria gegenüber zu verhalten hat. Es wäre auf die Engel hinzuweisen, die nach Jesu Versuchung zu ihm kommen und ihm dienen (Matthäus 4,11). Es wäre der Engel der Verkündigung auf Bethlehems Fluren zu erwähnen, von dem wir alljährlich in den Weihnachtsgottesdiensten hören (Lukas 2,8-14). Erwähnt werden sollte auch die Befreiung des Petrus durch einen Engel (Apostelgeschichte 12,1-17).

Schon die wenigen Stellen zeigen: Engel sind Boten Gottes, die einen Auftrag auszuführen haben. Engel sind himmlische Wesen, andererseits werden im Volksmund auch Menschen, die von Gott als Boten oder Hilfe gesandt wurden, als Engel bezeichnet. Der Glaubende traut es Gott zu, daß er seine himmlischen und irdischen Engel den Seinen zugut einsetzen kann.

Davon gibt das Gesangbuch, vor allem in den Abendliedern, in Weihnachtsliedern, aber auch in anderen, zum Beispiel »Herzlich lieb hab ich dich, o Herr«, EG 397, genügend Belege.

Wir schließen mit dem Lied »Herzlich lieb hab ich dich, o Herr«.

Treffen in der Woche nach dem 17. Sonntag nach Trinitatis (Erzengel Michael)

Dieses Teffen findet nach dem Michaelissonntag statt, an dem des Erzengels Michael gedacht werden kann. Er soll auch im heutigen Seniorentreff behandelt werden. Die folgende kurze Hinführung sollte vom Leiter des Seniorentreff einschließlich der Bibelstellen gelesen werden, da sie nur unter Verwendung der biblischen Stoffe zu verstehen sind.

Michael ist einer der im Judentum geglaubten 4, 6 oder 7 Erzengel. Die Bibel bezeugt uns im Danielbuch zum ersten Mal zwei Erzengel mit Namen.

In Kapitel 8,16 wird *Gabriel* aufgefordert, dem jungen Daniel, der von Nebukadnezar an den babylonischen Hof gebracht worden war, die zweite Vision zu deuten. Ob unter dem »Mann«, den Daniel in Kapitel 10,5 in seiner vierten Vision sieht, ebenfalls Gabriel zu verstehen ist, muss offen bleiben, da er nicht mit Namen genannt ist. Von seiner auch bei dieser Vision wahrgenommenen Erklärungsarbeit könnte man das meinen.

Damit ist denn auch schon die Besonderheit angedeutet, die zu diesem Engel gehört. Er ist der *erklärende*, der *verkündigende* Engel, der auch im Neuen Testament auftaucht. Hier wird er nach Lukas 1,11ff. zu Zacharias und nach 1,26ff. zu Maria gesendet. Er ist der offenbarende Engel, der vielleicht auch bei der Botschaft für die Hirten auf Bethlehems Feld die entscheidenden Worte »Euch ist heute der Heiland geboren, welcher ist Christus, der Herr, in der Stadt Davids« spricht.

Gabriel konnte Daniel die Visionen (oder nur die vierte?) freilich nur deuten, weil ihm der Erzengel *Michael* im Kampf gegen den Schutzengel Persiens beigestanden hatte. Wörtlich sagt Gabriel zu Daniel (nach der Übersetzung von Menge): ». . . und kein Einziger steht mir im Kampfe gegen jene (beiden) mit Entschiedenheit zur Seite außer eurem Schutzengel Michael« (Daniel 10,21).

In der näheren Bestimmung *»eurem Schutzengel«* wird die besondere Aufgabe dieses Erzengels angezeigt. *Michael* ist, gemäß der Auffassung, dass jedes Volk seinen eigenen Schutzpatron hat, *der Schutzengel Israels.*

Sowohl in der späteren jüdisch-apokalyptischen Anschauung (zum Beispiel in der Himmelfahrt Mosis, Kapitel 10,2) als auch in der christlichen Offenbarung (Kapitel 12,7) tritt Michael als Gegner des Satans oder des Drachens auf. Nach jüdischen Schriften steht er zur Rechten Gottes und ist auch Hüter göttlicher Geheimnisse. Seine Hauptaufgabe aber hat er im Zusammenhang mit den letzten Dingen. Er führt nach dem Äthiopischen Henochbuch, einer weiteren jüdisch-apokalyptischen Schrift (Kapitel 89,61ff.), die himmlischen Bücher und bläst auch die Posaune zum Endgericht (1. Thessalonicher 4,16).

Wieder nach dem Äthiopischen Henochbuch (10,11 und 90,21f.) ist er Richter der gefallenen Engel, aber auch der Barmherzige und Langmütige (40,9), der Fürbitter (89,76) und Hohepriester, der die guten Werke der Frommen vor Gott bringt und als Seelenführer die Gerechten in den Himmel geleitet. Nach dem Judasbrief (V. 9) kämpft er mit dem Satan um Moses Leiche.

Da er Engel des Volkes ist, vermittelt er auch zuweilen in der Gesetzgebung. So sieht ihn auch Paulus nach Galater 3,19. Nach Offenbarung 12 steht er an der Spitze der Engel Gottes, und zwar als Vertreter der Gemeinde.

Im Christentum war Michael schon früh beliebt. Durch seine Siege über den Satan und den Drachen wurde er zum Schutzpatron der Krieger christlicher Heere erklärt, dann auch zum Bannerträger und im frühen Mittelalter Schlachtenheros und Volksheiligen der Deutschen.

Wenn Letzteres als zeitgebundene Sicht Michaels von uns nicht mehr zu vertreten ist, so bleibt Michael im Verbund mit den anderen Engeln auch heute noch Gottes Schutzbote seiner Heiligen. Beter dürfen um seinen und um den Schutz aller anderen Engel bitten.

Möglicher Verlauf des Nachmittags unter Verwendung folgender *Materialien*: Walter Nigg/Karl Gröning, *Bleibt ihr Engel, bleibt bei mir*, Propyläen Verlag, Berlin 1996.

Erster Teil

Keine Besonderheiten. Überleitung nach dem Informationsteil durch ein »Engellied«, zum Beispiel mit dem Kanon »Ehre sei Gott in der Höhe!«, EG 26.

Zweiter Teil

1. Schritt:
Kurze Vorstellung des Erzengels Michael im oben angedeuteten Sinne bei Verwendung der genannten neutestamentlichen Texte. Falls gewünscht, Gespräch darüber.

2. Schritt:
Anschauen der Erzengel-Michael-Bilder auf den Seiten 124–127 in *Bleibt ihr Engel, bleibt bei mir.* Lesen der kommentierenden Gedanken auf den genannten Seiten. Gespräch, wenn gewünscht.

3. Schritt:
Lesen der Seiten 17-21 in *Bleibt ihr Engel, bleibt bei mir.* Gespräch.

Als Schluss kann das Gebet von Dietrich Bonhoeffer »Von guten Mächten, wunderbar geborgen« gesprochen oder gesungen werden, EG 65.

Wer die Bilder und auch die für den 3. Schritt genannten Texte von Walter Nigg und Karl Gröning nicht zur Hand hat, kann nach der mündlichen Einführung zum Erzengel Michael (1. Schritt!) eventuell mit Dias aus einer Medienzentrale zum Erzengel Michael fortfahren.[45]

Treffen in der Woche nach dem 18. Sonntag nach Trinitatis (Orgelbesichtigung)

Nach der Beschäftigung mit Engeln kehren wir wieder zurück zum großen Thema »Wirken des Heiligen Geistes«. Wir sind inzwischen in den Oktober gelangt und nutzen die noch warme Zeit, um in unsere Kirche oder in eine unserem Seniorentreff nahe gelegene Kirche zu gehen.

Ziel des heutigen Kirchenbesuchs soll die Besichtigung einer Orgel sein. Sie ist das meistgebrauchte Instrument bei Gottesdiensten und Kirchenkonzerten. Wer dieses Instrument zu Gottes Ehre und zur Auferbauung der Gemeinde gebraucht, steht ebenfalls im Dienst des Heiligen Geistes.

VERLAUF

Der *erste Teil* findet wie gewöhnlich in den Räumen des Seniorentreffs statt. Nach dem Kaffeetrinken gehen wir zur Kirche hinüber, wo wir schon erwartet werden.

Zweiter Teil

1. Schritt:

Nachdem wir (wie abgesprochen) in der Kirche Platz genommen haben, werden wir mit einem kleinen Orgelkonzert begrüßt.

2. Schritt:

Danach versammeln wir uns mit dem Kirchenmusiker um die Orgel und lassen uns die Orgel erklären.

3. Schritt:

Nach einer Phase des Zuhörens und Fragens singen wir, immer noch um die Orgel versammelt, einen Choral. Der Kirchenmusiker begleitet uns dabei. So können wir ihn ganz aus der Nähe beim Musizieren beobachten und haben nach allen Erklärungen nun ein ganz anderes Verständnis von seinem Tun.

4. Schritt:

Im Anschluss an den gesungenen Choral kann der Kirchenmusiker uns noch aus seinem Dienst berichten, etwa: Wie oft er üben muss; bei welchen Veranstaltungen er dabei ist; worüber er sich freut und was ihn ärgert.

5. Schritt:

Zum Abschluss unserer Orgelbesichtigung werden wir noch einmal mit einem Orgelkonzert beschenkt. Wir sind dazu selbstverständlich wieder ins Kirchenschiff gegangen. Hier hat der Kirchenmusiker uns auch in aller Kürze in das Orgelstück eingeführt und uns auch etwas zum Komponisten und seiner Zeit gesagt.

Wir schließen mit einem Vaterunser und verabschieden uns heute an der Kirche.

Treffen in der Woche nach dem 19. Sonntag nach Trinitatis (Klavier, Flöte, Geige)

Wir bleiben nochmals beim Instrument. Für das heutige Seniorentreffen haben wir drei Musiker geladen, einen Geiger, einen Klavierspieler und einen Flötisten. Wo kein Klavier vorhanden ist, kann als drittes Instrument eine Gitarre eingesetzt werden. In Vorgesprächen ist ein kleines Musikprogramm abgesprochen worden. Ziel des Nachmittags: Es sollen weitere Musikinstrumente vorgestellt werden, die von musikbegabten Menschen bewusst oder unbewusst zum Lobe Gottes gebraucht werden.

Erster Teil

Hier liegen keine Besonderheiten vor, so dass dieser Teil nach dem gewohnten Muster verlaufen kann. Sollten die Musiker schon zur Kaffeezeit bei uns sein, stellen wir sie auch zu dieser Zeit vor und danken für ihr Kommen.

Nach dem Kaffeetrinken könnten wir zum zweiten Teil des Treffens mit dem 1. Vers aus »Lobe den Herren, den mächtigen König der Ehren«, EG 317, überleiten. In diesem Vers werden ja bekanntlich auch die Musikinstrumente aufgefordert, »aufzuwachen« und den Lobgesang hören zu lassen.

Zweiter Teil

1. Schritt:
Sollten die Gäste erst zu diesem Teil erschienen sein, begrüßen wir sie hier, erklären mit wenigen Worten unser Vorhaben und hören nun ein kleines Konzert mit den genannten Instrumenten.

2. Schritt:
Vorstellung des ersten Instumentes, vielleicht des Klaviers durch den Pianisten. Er erklärt die Technik des Klaviers, die Verwandt-

schaft und das Unterscheidende etwa zum Spinett, zum Cembalo, auch das Gemeinsame und Abweichende zwischen Klavier und Flügel sollte nicht vergessen und dann auch noch etwas über die Kunst des Stimmens und zur Geschichte gesagt werden. Nach eventuellen Fragen zu den Ausführungen könnte ein kurzes Klaviersolo zum Abschluss der Vorstellung erfolgen.

3. Schritt:

Vorstellung der Querflöte durch den Flötisten. Wie es hier – im Gegensatz zum Klavier – zum Ton kommt, wie hier die Technik funktioniert, auch hier Verwandtschaft und Unterschiede zu verwandten Instrumenten und etwas zur Geschichte. Wie bei der Vorstellung des Klaviers auch hier Fragen zu den Informationen und ebenfalls ein kleines Konzert der Querflöte.

4. Schritt:

Schließlich die Vorstellung des letzten Instrumentes, der Geige, nach dem Muster der beiden ersten Vorstellungen.

5. Schritt:

Zum Abschluss der Vorstellungen dann noch einmal ein kleines Konzert mit allen drei Instrumenten.

Nach einem wohl überlegten Dank an die Musiker schließen wir dieses Mal vielleicht mit einem kurzen, freien Gebet.

Treffen in der Woche nach dem 20. Sonntag nach Trinitatis (Thema: Martin Luther)

Wir sind in die Nähe des Reformationsfestes gekommen. Ein Fest, das uns in besonders hervorragender Weise an das Wirken des Heiligen Geistes erinnert: Wie Gott eine Zeit werden ließ, die zu einer Bewegung wurde, und wie in dieser Zeit nun auch wieder Menschen erweckt wurden, die zu dieser Bewegung gehörten und sie darum auch mitgestalteten – und das vom Evangelium her.

Darum sollten wir im Seniorentreff nicht am Reformationsfest vorbeigehen, sondern dieses Fest zum Anlass nehmen und uns mit Reformation beschäftigen. Es gibt dazu eine ganze Reihe von Möglichkeiten. Man kann sich mit einer Thematik bekannt machen, zum Beispiel mit dem Anlass des Ablasses, mit dem Reichstag zu Worms, wo Luther sich verteidigen musste, oder mit der besonderen Entdeckung Martin Luthers, der Rechtfertigung aus Gnaden, usw. Gehören wir dem lutherischen Bekenntnis an, wäre es uns dienlich, wenn wir uns mit dem reformierten Katechismus bekannt machten (»Heidelberger Katechismus«) und umgekehrt, wenn wir reformierten Bekenntnisses sind, sollten wir den Kleinen Katechismus Martin Luthers lesen.

Kirchliche Medienzentralen haben Dias oder gar Filme zum Thema Reformation.

Wir haben auch die Möglichkeit, uns mit verschiedenen Personen der Reformation zu beschäftigen. Wir müssen nicht auf Luther zurückgreifen, wir können uns über den Genfer Johannes Calvin informieren oder über Huldrich Zwingli. Wir können den Wittenberger Maler Lucas Cranach d. Ä. kennen lernen oder über den weniger bekannten und für Luther doch so wichtigen Philipp Melanchthon sprechen.

Und wer in der Nähe von Erfurt, Eisleben, Eisenach oder Wittenberg zu Hause ist, der kann in einem Tagesausflug einen dieser Orte besuchen, um auf diese Weise noch Spuren der Reformation zu entdecken.

Da es zu diesem Thema eine unübersehbare Literatur gibt, ist es zu empfehlen, rechtzeitig Kontakt zu einer Buchhandlung oder Bibliothek aufzunehmen und sich beraten zu lassen.

Ich schlage aus Gründen der Einfachheit Luther als Thema vor. Außerdem gehe ich in der Annahme sicher nicht fehl, dass unsere Senioren nicht übermäßig viel von Luther wissen. Ich empfehle zwei Nachmittage mit je einer eigenen Thematik.

Als *Arbeitsmaterialien* empfehle ich *Martin Luther* von Klaus Arndt.[46] Es handelt sich um eine Schrift von 16 Seiten. Sie bietet auch älteren Menschen eine gut lesbare Schrifttype, dazu 12 Bilder, die das Geschriebene nochmals unterstreichen und bereichern. Diese Broschüre ist in einer Stunde zu lesen.

Ist der Seniorentreff gut bei Kasse, könnte diese Schrift von der Seniorenkasse bezahlt werden. Sollte das nicht der Fall sein, könnte man – nach vorheriger Absprache – die Bestellung auch auf Kosten eines jeden Teilnehmers besorgen. Es wäre jedenfalls gut, wenn das, was wir gemeinsam gelesen haben, mit nach Hause genommen und von dem einen oder anderen noch einmal ganz oder zum Teil nachgearbeitet werden kann. Für die Leitung des Seniorentreffs ist außerdem die Arbeitsmappe *Luther-Gedenken '96* eine Hilfe mit mehreren Arbeitsmöglichkeiten zum Thema.[47]

Ziel des heutigen Nachmittags ist es, einen Überblick über das Leben Martin Luthers zu gewinnen. Das erreichen wir entweder durch die Mithilfe eines Referenten oder durch das eigene Lesen der oben genannten Schrift.

Erster Teil

Wie bisher. Die Überleitung zum zweiten Teil kann mit einem Lutherlied erfolgen, zum Beispiel mit »Nun freut euch, lieben Christen g'mein«, EG 341.

Zweiter Teil

1. Schritt:
Wir lesen gemeinsam die Schrift, unterbrechen dabei die Lesungen, sprechen über Unklarheiten, sprechen über die Bilder und kommen zu einem allgemeinen Überblick.

2. Schritt:
Sollte noch Zeit bleiben, befestigen wir das Gelesene durch einige Quizfragen. Die ersten drei, die die meisten Antworten richtig gegeben haben, gelten als Gewinner und erhalten irgendetwas, das sich

auf Luther bezieht, zum Beispiel eine Spruchkarte mit einem Lutherzitat oder Ähnliches.

Zum Schluss singen wir noch einmal ein Lutherlied, zum Beispiel einen Vers aus »Ein feste Burg ist unser Gott«, EG 362.

Treffen in der Woche nach dem 21. Sonntag nach Trinitatis (»Allein«-Aussagen Luthers)

Wir befinden uns in der Woche des Reformationsfestes oder in der Woche nach dem Reformationsfest. Nachdem wir uns das letzte Mal einen Überblick über Martin Luthers Leben verschafft haben, wollen wir heute vier Erkenntnisse bedenken, die für Martin Luther, für die Reformation wichtig gewesen sind, und uns dabei fragen, ob sie auch für uns wichtig sind.

Der *erste Teil* unseres Treffens hat keine Besonderheiten. Wenden wir uns gleich dem folgenden Teil zu. Wir haben einen *Kirchenmusiker* gebeten, uns beim zweiten Teil unseres Treffens zu helfen.

Wir haben uns für diesen Teil auch ein *Kreuz* (eventuell aus einer Kapelle, aus einem Andachtsraum oder einer Kirche), eine *Taufschale*, einen *Abendmahlskelch* und eine *Bibel* besorgt. Wir brauchen diese Dinge als Symbole zur Unterstreichung von Aussagen in den folgenden Überlegungen.

Zweiter Teil

Nach dem Kaffeetrinken und den Informationen bitten wir unseren Kirchenmusiker um *Variationen zu einigen Lutherliedern* als Hinführung zu den folgenden Überlegungen.

Erster Lektor liest dann folgende Einleitung:
Wir wollen uns heute mit vier Erkenntnissen Martin Luthers befassen, die für ihn und für die Reformation wichtig gewesen sind, die

aber auch für unsere Kirche und für unseren evangelischen Glauben heute wichtig sind.

Wiewohl sie wichtig sind, drohen sie mehr und mehr im gelebten Glauben unserer Kirche unterzugehen.

In unserer Kirche ist vor allem die Tat bekannt. Gegen die Tat, vor allem wenn es um die gute Tat geht, kann niemand etwas haben. Nur mit der Tat kann dem, der »unter die Räuber gefallen ist«, geholfen werden. Glaube, der nicht Taten der Liebe und damit der Hilfe kennt, ist ein schlechter Glaube.

Der Glaube ist aber auch ein schlechter Glaube, wenn er *nur* die Tat kennt. Dann steht er nur noch auf einem Bein. Dann fehlt ihm bei seinen Taten gewissermaßen der Absender. Menschen können dann nicht mehr erkennen, woher diese Tat letztlich kommt. Ja, wir müssen uns fragen, ob unser Glaube noch gesund ist, wenn er sich nur noch auf die Tat beruft. Für Martin Luther, der die Tat sehr wohl kannte, galt noch etwas anderes im Glauben, und das galt vor allem.

Damit sind wir bei den vier *Allein*-Aussagen Martin Luthers, die nach ihm zum Urbestand des Glaubens und zum letzten Motiv des christlichen Tuns gehören. Sie sind bei Martin Luther nicht in einer zusammenhängenden Abhandlung zu finden. Er hat keine Dogmatik verfasst. Er hat zu konkreten Lebensfragen Stellung genommen und die vier Allein-Aussagen an verschiedenen Stellen seiner Schriften genannt. Wer seine Schriften liest, wird diese vier grundlegenden Erkenntnisse auf Schritt und Tritt finden, und wenn er nur die einfachen Briefe liest.

Lied: »Nun freut euch, lieben Christen g'mein«, EG 341 (nicht alle Verse!).

Zweiter Lektor:
Erste Allein-Aussage: *Allein Christus!*

Luther nimmt die Schrift auf, wenn er darauf hinweist, dass es im Glauben auf Christus allein ankommt. Für andere Stellen des Neuen Testamentes nennen wir hier das Wort aus Johannes 14, 6: »Ich bin der Weg und die Wahrheit und das Leben; niemand kommt zum Vater außer durch mich.«

Wenn es um Christus geht, dann geht es nicht um Nebensächlichkeiten. Also nicht um sein menschliches Verhalten, das man zum Vorbild nehmen kann, nicht um sein Lehre, nicht um seinen Mut, auch nicht um seine heilenden Taten, dann geht es um das Letzte, was ihn ausmacht und was er für uns ist. Und da gibt es nach Martin Luther nur eine Antwort: Er ist der Heiland, er ist der Erlöser.

Der Erlöser ist er vor allem durch seinen Tod am Kreuz geworden. Darum zeigen wir an dieser Stelle auch das Kreuz. »Das Kreuz-Zeichen für die Verbindung zwischen Himmel und Erde, zwischen Gott und Mensch und zwischen Mensch und Mitmensch. Im Kreuz ›durchkreuzt‹ Gott unsere Gedanken und Verhältnisse.«[48]

In seinem »Kleinen Katechismus«, den mancher von uns noch im Konfirmandenunterricht auswendig gelernt hat, schreibt Martin Luther über den Glauben an Jesus Christus:

»Ich glaube, dass Jesus Christus, wahrhaftiger Gott vom Vater in Ewigkeit geboren und auch wahrhaftiger Mensch von der Jungfrau Maria geboren, sei mein Herr, der mich verlornen und verdammten Menschen erlöset hat, erworben, gewonnen von allen Sünden, vom Tode und von der Gewalt des Teufels; nicht mit Gold und Silber, sondern mit seinem heiligen, teuren Blut und mit seinem unschuldigen Leiden und Sterben; auf dass ich sein Eigen sei und in seinem Reich unter ihm lebe und ihm diene in ewiger Gerechtigkeit, Unschuld und Seligkeit, gleichwie er ist auferstanden vom Tode, lebet und regieret in Ewigkeit. Das ist gewisslich wahr.«[49]

Lied: »Jesus Christus herrscht als König«, EG 123, V. 1-3.

Dritter Lektor:
Wir kommen zur zweiten Allein-Aussage: *Allein aus Gnade.*

Wir hören dazu zunächst ein Bibelwort aus 1. Petrus 2,9-10: »Ihr aber seid das auserwählte Geschlecht, die königliche Priesterschaft, das heilige Volk, das Volk des Eigentums, dass ihr verkündigen sollt die Wohltaten dessen, der euch berufen hat von der Finsternis zu seinem wunderbaren Licht, die ihr einst ›nicht ein Volk‹ wart, nun aber ›Gottes Volk‹ seid, und einst nicht in Gnaden wart, nun aber in Gnaden seid.«

Es ist wohl immer der Trieb des Menschen gewesen, etwas zu sein und sein zu wollen durch eigenes Tun. Vor Menschen und vor Gott. Auch in unserer Gesellschaft ist das so. Schon von klein auf wird der Mensch auf dieses Kriterium festgelegt. Wer in der Schule nichts leistet, gerät in Gefahr, ein Außenseiter zu werden. Auch in der Kirche ist das so, wo man gerne auf seine frommen Leistungen oder auf seine Qualifikationen, zu erkennen am Stammbaum der Bildungsstätten und geistigen Väter, hinweist.

Wohin das führt, wenn nur noch das Leistungsprinzip gilt, das zeigt sich mehr und mehr, besonders dann, wenn man aus Krankheitsgründen oder wegen Arbeitslosigkeit nichts oder nur noch wenig leisten kann.

Wenn Leistung auch noch vor Gott der Maßstab wäre, mit dem er seine Menschen messen würde, dann wäre das katastrophal. Wer könnte dann vor ihm bestehen? Aber nun hat Christus den Menschen von diesem Leisten vor Gott befreit. Darum dürfen wir mit Recht und voller Freude singen: »Nun freut euch, lieben Christen g'mein«, EG 341. Wir sind vor Gott aus Gnaden gerecht. Umsonst! Das ist manchem zu billig. Aber nur so kommt es zu einem Leben mit einem befreiten Gewissen.

Als Zeichen dieser Befreiung ohne unsere Leistung, allein aus Gnaden, zeigen wir hier die Taufschale. Denn in der Taufe wird uns dieses »Umsonst« der Annahme besonders zugesprochen.

»Gott sagt ›Ja‹ zu uns – ein bedingungsloses Ja, für das wir keinerlei Voraussetzungen erfüllen oder Leistungen erbringen müssen. Durch kein Zeichen wird dies so anschaulich wie durch die Taufe.«[50]

Martin Luther sagt in seiner Schrift »An den christlichen Adel deutscher Nation von des Standes Besserung«: »Alle Christen sind wahrhaftig geistlichen Standes. Denn die Taufe, Evangelium und Glauben, die machen geistlich und Christenvolk. Demnach werden wir alle durch die Taufe zu Priestern geweiht.«[51]

Lied: »Ich bin getauft auf deinen Namen«, EG 200, V. 1, 2 und 4.

Vierter Lektor:
Die 3. Allein-Aussage: *Allein durch den Glauben.*

Wieder stellen wir den Überlegungen zur dritten Allein-Aussage ein Bibelwort voran. Es ist das Wort aus Römer 3,28: »So halten wir nun dafür, dass der Mensch gerecht wird ohne des Gesetzes Werke, allein durch den Glauben.«

Was wir durch Jesus Christus sind, das sind wir alles durch den Glauben. Das sind wir nicht durch unser Tun, wie wir gehört haben, das sind wir auch nicht durch die Vernunft, die alles verstehen möchte und nur anerkennt, was ihr zugänglich ist. Martin Luther hat sowohl etwas von den Werken gewusst als auch von der Vernunft. Auf die Vernunft hat er sich sogar in Auseinandersetzungen berufen. Man denke nur an seine Verteidigung vor dem Reichstag zu Worms.

Aber wenn es um den Erlöser geht, wenn es um die erworbene Gnade durch ihn geht, dann muss ein anderes Instrument her. Dann ist die Vernunft fehl am Platze. Sie vermag das Geschehen in Jesus Christus von der Krippe bis zum Kreuz nicht zu fassen. Das kann nur der Glaube. Er ist neben der Vernunft das zweite Standbein im Leben der Christen. Schon wenn wir »Gott« sagen, ist das keine Vernunft-, sondern eine Glaubensaussage und Glaubenswahrheit. Dieser Glaube kennt natürlich auch die Anfechtung und »Zeiten, in denen es schwer fällt zu glauben. Die Last des Alltags, das Elend der Welt, eigenes und fremdes Leid stellen den Glauben in Frage.«[52]

In diesem Zusammenhang zeigen wir den Abendmahlskelch als Zeichen dafür, dass wir der Stärkung des Glaubens auch durch die Gemeinschaft der Glaubenden bedürfen. »Gemeinsam mit anderen wird es oft leichter, den Glauben zu leben und Zeiten des Zweifelns zu bestehen. Gott deckt uns den Tisch – er lädt uns ein, gemeinsam seine Gäste zu sein, Brot und Wein zu teilen. Er bietet uns Gemeinschaft mit ihm und untereinander an. Diese Gemeinschaft stärkt unseren Glauben und gibt uns Rückhalt und Hilfe, auch auf ›Durststrecken‹ unseres Lebens. Untereinander und mit Gott verbunden sind wir füreinander da – im Glauben und im Zweifeln.«[53]

»Kurz vor seinem Tode schrieb Martin Luther auf einen Zettel: »Wir sind Bettler, das ist wahr.«[54]

Lied: »Ich weiß, woran ich glaube«, EG 357, V. 1-2.

Fünfter Lektor:

Wir kommen zur letzen Allein-Aussage Luthers: *Allein durch die Schrift.*

Die Allein-Aussagen hat sich Luther nicht ausgedacht. Er hat sie vielmehr in der Heiligen Schrift entdeckt. Von ihr konnte er ganz im Sinne von Psalm 119,105 bekennen: »Dein Wort ist meines Fußes Leuchte und ein Licht auf meinem Wege.«

Heute ist die Bibel zwar in großen Mengen zu haben, sie ist aber dennoch unbekannt. Selbst bei denen, die Konfirmandenunterricht hatten und der Kirche treu geblieben sind, sucht man manchmal das Matthäus-Evangelium im Alten Testament und das Daniel-Buch da, wo die Offenbarung im Neuen Testament steht.

Die Grundlage unseres christlichen Glaubens ist weithin unbekannt, wenn es um den Inhalt geht. Darum vermag man auch schwer zu prüfen, was gute Lehre ist. Darum kann man kaum mehr sagen, was zu glauben ist. Man ist hier weithin den Meinungen anderer ausgeliefert.

Wir zeigen an dieser Stelle die aufgeschlagene Bibel.

Auf sie kommt es an. Sie erzählt von Gottes Handeln in der Geschichte der Völker und von dem besonderen Handeln in seinem Sohn. Wir sollten uns wieder um sie bemühen und sie wie der Beter des 119. Psalmes zu »unseres Fußes Leuchte« und »zum Licht auf unserem Wege« werden lassen.

»Die Bibel – nicht ein Buch unter vielen anderen, kein verstaubtes Vermächtnis aus vergangenen Zeiten, sondern *das* Buch der Bücher, in dem Gott immer wieder neu zu uns Menschen spricht. In den Geschichten von damals hören wir die Botschaft Gottes für heute. Wir lassen uns ein auf den Zuspruch von Gottes Liebe für unser Leben und nehmen auch den Anspruch Gottes auf unser Leben wahr. So fragen wir immer wieder neu nach dem guten Willen Gottes, der uns in seinem Wort begegnet.«[55]

Auf dem Reichstag zu Worms hat Martin Luther sich auf einsichtige Gründe und auf die Heilige Schrift berufen und gesagt: »Wenn ich nicht durch die Heilige Schrift oder durch einsichtige Gründe widerlegt werde, dann widerrufe ich nicht. Denn ich bin gefangen in

Gottes Wort. In Fragen des Glaubens gehorcht mein Gewissen allein der Heiligen Schrift. Solange mein Gewissen in Gottes Wort gefangen ist, kann und will ich nicht widerrufen. Hier stehe ich, ich kann nicht anders, Gott helfe mir.«[56]

Lied: »Erhalt uns, Herr, bei deinem Wort«, EG 193.

Wir beten mit Martin Luther: »Der Himmel ist uns umsonst gegeben und geschenkt. Wir haben nichts dazugetan und nichts dazutun können: Christus, unser Herr, hat ihn durch sein Blut teuer erkauft. Darüber haben wir Brief und Urkunde: die ewige Verheißung des Evangeliums, dazu die Siegel, nämlich: Wir sind getauft und: Wir empfangen nach Christi Befehl sein Leib und Blut im Abendmahl, wenn wir unsere Schwachheit und Not fühlen.

Gott, gib nun Gnade und hilf, dass wir die Briefe und Verheißung wohl verwahren, damit sie uns der Teufel nicht zerreiße. Gib auch, dass wir in Wohlfahrt nicht sicher und in Trühbsal nicht traurig und verzagt sind, sondern immer in Gottesfurcht leben und beständig im Glauben und Bekenntnis bleiben und das heilige Vaterunser stets mit Mund und Herz sprechen.«[57]

Vaterunser.

Musik: Variationen über »Ein feste Burg ist unser Gott«.

Falls der Wunsch besteht, kann an dieser Stelle noch ein Gespräch mit allen geführt werden.

Treffen in der Woche nach dem 22. Sonntag nach Trinitatis (Thema: Albert Schweitzer, Teil 1)

Das Kirchenjahr eilt mit Riesenschritten dem Ende zu. Da wollen wir wenigstens noch einen Menschen unter der großen Thematik »Wirken des Heiligen Geistes« kennen zu lernen versuchen, nämlich *Albert Schweitzer.*

Albert Schweitzer gilt als liberaler Theologe. Aber manchmal muss man nicht nur das Denken eines Menschen ansehen, sondern auch sein Leben, seine Frömmigkeit, sein Verhalten, um ihn umfassender, vielleicht viel treffender zu sehen, als das vom Denken allein möglich ist.

Das Denken, noch dazu auf wissenschaftlichem Parkett, also bestimmt von der Vernunft und auch gebunden an bestimmte zeitgebundene Fragen, sagt nicht alles über einen Menschen. Es gibt auch nicht genügend Auskunft über das, was er wirklich zutiefst geglaubt hat, was er für den »letzten Trost im Leben und im Sterben« (Frage 1 des Heidelberger Katechismus) gehalten hat. Legt man diesen Maßstab bei Albert Schweitzer an, ist man sehr erstaunt.

Albert Schweitzer selbst bestätigt das in einem Brief von 1905, wenn er schreibt: »Ja, ich habe alles gekannt: die Wissenschaft, die Kunst, die Freuden der Wissenschaft, die Freuden der Kunst, ich kenne das erhebende Gefühl des Erfolges, und mit wahrem Stolz habe ich meine Antrittsvorlesung mit 27 Jahren gehalten. Aber das alles hat meinen Durst nicht gestillt, ich fühlte, dass das nicht alles ist, dass es nichts ist. Ich bin immer einfacher, immer mehr Kind geworden, und ich habe immer deutlicher erkannt, dass die einzige Wahrheit und das einzige Glück darin besteht, unserem Herrn Jesus Christus dort zu dienen, wo er uns gebraucht. Hundert Mal habe ich darüber nachgedacht, ich habe meditiert im Gedanken an Jesus, ich habe mich gefragt, ob ich leben könnte ohne Wissenschaft, ohne Kunst, ohne die intellektuelle Umgebung, in der ich mich befinde – und immer, am Ende aller Überlegungen, ein freudiges Ja.«[58]

Schon dieses Zitat mahnt zur Vorsicht, Albert Schweitzer in eine liberale »Schublade« mit negativer Aufschrift zu stecken. Diese Vorsicht wächst noch mehr, je mehr man von ihm kennen lernt.

Um wenigstens ein wenig mehr von ihm zu erfahren, sollten wir drei Nachmittage für ihn verwenden.

Wer einen Kenner Albert Schweitzers in der Nähe hat, der bereit ist zu kommen, sollte sich mit ihm in Verbindung setzen und die Vorgehensweise besprechen. Der Vorteil, mit einem Kenner Albert Schweitzers an die Aufgabe heranzugehen, liegt auf der Hand. Er muss das Entscheidende im Leben Albert Schweitzers nicht erst suchen, er hat es parat. Und was er parat hat, wird »lebendig« vorgetragen. Und er kann schließlich auch noch zur Sache befragt werden.

Doch nun haben die wenigsten Seniorentreffs einen Kenner in ihrer Nähe. Sie müssen mit *Hilfsmitteln* arbeiten. Da gibt es beim Albert-Schweitzer-Zentrum in Frankfurt am Main ein Video unter dem Titel *Albert Schweitzers Leben, Werden, Schaffen*[59]. Diese Kassette läuft 105 Minuten. Sie reicht gut für zwei Treffen. Nötig ist ein Fernsehgerät und ein Videorekorder (notfalls in einem Geschäft ausleihen!). Wem dieses Video zu lang erscheint, der besorge sich aus demselben Verlag (oder von einem Mediendienst) das Video *Albert Schweitzers Urwaldkrankendorf.* Dieser Film läuft 40 Minuten und vermittelt einen Eindruck vom ärztlichen Wirken Albert Schweitzers.

Schließlich empfehle ich aus der großen Menge der Literatur das Lebensbild Albert Schweitzers von Harald Steffahn[60]. Ich habe damit gute Erfahrungen gemacht, weil in konzentrierter und doch gut verständlicher Weise so viel geboten wird, dass man ausreichend informiert ist.

Das heutige Treffen kann folgendermaßen gestaltet werden:

Der *erste Teil* mit Begrüßung, Kaffeetrinken und Informationen wie gewohnt.

Zweiter Teil, zu dem wir mit einem Missionslied überleiten, etwa »Wach auf, du Geist der ersten Zeugen«, EG 241.

1. Schritt:

Wir führen ein kurzes Gespräch, in dem jeder sagen kann, was ihm von Albert Schweitzer bekannt ist. Das weckt das Interesse für die folgenden Informationen, die entweder aus dem Munde eines Referenten oder aus der genannten Biographie von Harald Steffahn kommen.

Wer mit diesem Buch arbeitet, der sollte die Seiten 22–38 (der 11. Auflage von 1994!) vorstellen, indem er sie zum Teil mit eigenen Worten zusammenfasst, zum Teil vorliest. Auf diesen Seiten wird die Kindheit und Jugend Albert Schweitzers erzählt, eine Zeit, die für den späteren Albert Schweitzer entscheidend ist.

2. Schritt:
Fragen und Stellungnahmen der Teilnehmer.
  Abschluss mit einem Gebet.

Treffen in der Woche nach dem 23. Sonntag nach Trinitatis (Thema: Albert Schweitzer, Teil 2)

Erster Teil

Wir stehen kurz vor Beginn des neuen Kirchenjahres, also vor Advent. Nach dem Kaffeetrinken wird diese Tatsache in den Informationen zu den besonderen Vorhaben im Advent ihren Niederschlag finden. Wir werden vielleicht an einem Basar teilnehmen, eventuell gar einen Basar mitgestalten. Sollte ein Adventsbasteln stattfinden, muss auch darauf hingewiesen werden. Und sollte eine Adventsfahrt vorgesehen sein, dann müssen Ziel, Abfahrtzeit, Abfahrtsort und natürlich auch der Preis genannt werden. Höchste Zeit, auch schon eine Teilnehmerliste für die Adventsfahrt anzulegen. Lieber frühzeitig als zu spät.

Danach leiten wir zum zweiten Teil unseres Beisammenseins mit dem Lied »Wir wolln uns gerne wagen«, EG 254, über.

Zweiter Teil

1. Schritt:
Mit wenigen Fragen in Quizform wiederholen, was inhaltlich das letzte Mal zur Kindheit Albert Schweitzers gesagt wurde.

2. Schritt:
Entweder Fortsetzung mit einem Referenten oder Weiterarbeit mit der Biographie von Harald Steffahn (siehe dazu das Ausgeführte zum Treffen der vorigen Woche). Wer mit Harald Steffahn fortfährt, könnte das Kapitel »Straßburg«, das Schweitzer als Theologen und Musiker vorstellt, mit wenigen Worten zusammenfassen.

3. Schritt:
Auf den Seiten 65–77 wird dann die Hinwendung Schweitzers nach Afrika und seine Ausbildung zum Arzt geschildert. Diese Seiten könnte man einerseits erzählend, andererseits lesend zur Sprache bringen. So wäre eine gute Grundlage für das dritte Treffen über Albert Schweitzer gelegt.

4. Schritt:
Nach einem eventuellen Gespräch zu den Ausführungen schließen wir mit dem Vaterunser.

Treffen in der Woche nach dem Drittletzten Sonntag des Kirchenjahres (Film über Albert Schweitzers Urwaldkrankenhaus)

Der *erste Teil* wird wie bekannt durchgeführt. Vielleicht sind nochmals Erinnerungen im Sinne des ersten Teiles der vorigen Woche nötig. Danach wieder Überleitung mit Versen des Liedes »Gott liebt diese Welt«, EG 409.

Zweiter Teil
Vorführung des Videos »Albert Schweitzers Urwaldkrankendorf« mit anschließendem Gespräch und Gebet.

Treffen in der Woche nach dem Vorletzten Sonntag des Kirchenjahres (Thema: Trauerzeichen)

Wir befinden uns zeitlich kurz vor Ende November und damit auch am Ende des Kirchenjahres. Ob die Worte »Ende des Kirchenjahres« auch zum Nachdenken über das Ende dieses Lebens und über das Ende dieser Welt geführt haben? Es könnte sein.

In der Verkündigung der Kirche sollte in dieser Zeit jedenfalls jeder daran erinnert werden, dass allem ein Ende gesetzt ist und dass man sein Leben entsprechend dieser Wahrheit, die ja auch das Gericht über alles menschliche Tun einschließt, führen sollte. Dass dabei auch die Toten in den Blick kommen, ist klar. Besonders dann, wenn man mit Ewigkeit nur noch wenig oder nichts mehr anfangen kann, wie das heute vielfach der Fall ist.

Von daher ist zu verstehen, dass der letzte Sonntag im Kirchenjahr immer weniger mit dem Thema »Ewigkeit«, dafür aber umso mehr mit dem Thema »Gedenken an die Toten« in Verbindung gebracht wird.

Dass der Tod und das Ende des menschlichen Lebens auch noch von der dunklen Jahreszeit und von der absterbenden Natur, erkenntlich zum Beispiel am fallenden Blatt, nahe gebracht wird, ist ebenfalls zu sehen.

Wie immer es zu der Themaverlagerung und damit auch zum Namen »Totensonntag« gekommen ist – thematisch lassen sich beide Schwerpunkte gut verbinden. Denn nur wenn es Ewigkeit gibt, gibt es auch Antwort und also Trost für den Todeskandidaten Mensch.

Ein Seniorentreff, der sich dieser Thematik stellt, wird seinen Gewinn davontragen. Darum empfehle ich, dieses Thema an zwei Nachmittagen zu behandeln und damit heute zu beginnen.

Am heutigen Nachmittag könnten wir uns auf lockere Weise auf die Thematik einstimmen, um dann beim letzten Treffen im Kirchenjahr eine Antwort zu finden versuchen.

Folgende *Arbeitshilfen* könnten uns nützlich sein: Ein Text, in dem der Kirchenvater Augustin über das Sterben seines Freundes erzählt, vgl. S. 150, weiter: Todesanzeigen aus verschiedenen Zeitungen (zu finden in den Samstagsausgaben), die entweder jeder Teilnehmer zusammen mit einem Klebestift und einer Schere für sich mitbringt oder die die Leiter des Seniorentreffs schon für alle auf einem DIN-A4-Blatt in Collagenform zusammengestellt und für alle kopiert haben, und – wenn vorhanden – auch noch einige Dias von sehenswerten Grabsteinen.

Der Nachmittag könnte folgendermaßen aussehen:

Nach dem Kaffeetrinken und den Informationen kommen wir heute sofort zum *zweiten Teil:*

1. Schritt:
Lesen des Augustin-Textes und Gespräch über die Reaktion des Kirchenvaters. Dabei wird es nicht ausbleiben, dass wir uns in seinen Reaktionen selber wieder finden. Auch unsere Trauer, die wir in der Trennung von einem uns nahe stehenden Menschen erfahren haben, darf darum zur Sprache kommen. Das Gespräch sollte um der folgenden Schritte willen nicht länger als 20 Minuten dauern. Es muss freilich in jedem Seniorentreff darüber entschieden werden.

2. Schritt:
Beispiele, die zeigen, wie Menschen ihre Trauer auch mit Zeichen ausdrücken. Da ist *die Todesanzeige.* Entweder schneiden nun alle aus den mitgebrachten Zeitungen die ihnen auffallendsten Todesanzeigen aus und kleben sie auf ein DIN-A4-Blatt (was den Vorteil hat, dass sie sich schon bei der Auswahl intensiv mit den Texten der Todesanzeigen beschäftigen, was natürlich mehr Zeit braucht), oder alle erhalten die schon fertige Collage mit Todesanzeigen und sprechen über in diesem Zusammenhang interessante Aussagen. Solche könnten sein: »Arbeit war sein ganzes Leben« oder: »In aufopferndem Einsatz bei der Rettung zweier Kinder fand . . . den Tod. Er wird uns unvergesslich bleiben.« Oder auch nur: »Warum?«

Manche Anzeige zeigt mehr als den Tod eines Menschen an. Was, das sollte im Gespräch herausgefunden werden.

Ein weiterer Ausdruck der Trauer ist *die Trauerkleidung.* Da die Ehepartner der meisten Senioren schon gestorben sind, können sie auch sagen, wie sie zur Zeit des Abschieds mit der Frage der Kleidung umgegangen sind. Sollten sie Trauerkleidung getragen haben – wie lange haben sie diese getragen? Was haben sie damit für Aussagen, für Erwartungen verbunden?

Trauerkleidung ist ja nicht nur Anzeige der Trennung von einem Menschen. Sie kann auch schützen in einer Zeit, in der man verletzt ist. Sie kann teilnehmende Reaktionen bei Mitmenschen hervorrufen. Sind solche oder andere Erfahrungen gemacht worden?

Da ist *das Fasten oder die Abstinenz* von der Teilnahme an gesellschaftlichen Angeboten zur Zeit der Trauer. Früher wurde das Trauerhaus still gehalten. Theaterveranstaltungen wurden nicht besucht. Es wurde nicht getanzt, nicht musiziert, nicht gefeiert. Die Treue zum Verstorbenen spielte dabei eine große Rolle. Gibt es das auch heute noch?

Da sind *die Grabsteine* (wenn vorhanden, könnten an dieser Stelle 3–6 Dias gezeigt werden). Da ich in einer Straße Berlins wohne, an der vier Friedhöfe liegen, gehe ich oft über diese Friedhöfe spazieren und schaue mir die Inschriften mancher Grabsteine an. Auch Grabsteine zeigen nicht nur an, dass hier jemand beerdigt ist und an dieser Stelle Pietät erwartet wird. Sie drücken zugleich die Trauer der Hinterbliebenen oder die Hoffnung oder die Ansicht über das Leben aus. Und sie zeigen natürlich auch an, dass einer nicht vergessen worden ist. Das weist schon hinüber auf:

die Pflege der Gräber, die während des ganzen Jahres, besonders aber zum Totensonntag praktiziert wird. In der Grabpflege geht es wiederum nicht allein um die Reinhaltung einiger Quadratmeter Boden. Die Gräber werden mit Blumen geschmückt, sie werden zum Totensonntag mit Tannengrün und Gestecken versorgt, manche Gräber auch mit einem Lebenslicht versehen.

Die hier genannten Zeichen sind eine Auswahl. Sie können darum, falls Interesse bei den Senioren vorhanden ist und noch Zeit bleibt, ergänzt werden. In manchen Gegenden gibt es zum Beispiel die Totenklage, zu der man sich im Trauerhaus oder auch in einer Kirche trifft. In mancher Wohnung gibt es eine ständig gepflegte Gedenkecke für den Toten. Auf einer Anrichte steht eine Fotographie von ihm, ihr zur Seite frische Blumen.

Vielleicht wissen unsere Senioren von anderen Zeichen der Trauer. Sie sollten sie nennen.

Wir schließen mit dem Vaterunser oder mit einem anderen Gebet, in das wir die Trauer unserer Senioren mit aufnehmen.

Treffen in der Woche nach dem Letzten Sonntag des Kirchenjahres (Thema: Die Toten leben)

Dieses Treffen knüpft inhaltlich an das letzte Treffen an und versucht, eine Antwort auf die Erfahrung des Todes vom Evangelium her zu geben – über die Zeichen hinaus.

Im *ersten Teil* unseres Treffens empfiehlt es sich dieses Mal, nochmals an Vorhaben im Advent, eventuell auch schon auf die wiederkehrende Weihnachtsfeier hinzuweisen. Ansonsten verläuft dieser Teil wie sonst.

Zweiter Teil

Arbeitshilfe: Wenn vorhanden, eine Tafel.

1. Schritt:

Wir beginnen mit unserem »Ist-Zustand«, also mit unserem eigenen Befinden um den Totensonntag, da zumindest unsere Verlustnarben wieder brennen, weil wir durch den Totensonntag in besonderer Weise an den Verlust erinnert werden.

Wir sollten in einem ersten Schritt des zweiten Teiles der Frage nachgehen, *wie lange es wohl dauert, bis wir einen Verlust »verarbeitet« haben*. Dabei werden wir die Umstände bedenken müssen, die bei einer Verarbeitung der Trennung von einem nahe stehenden Menschen eine Rolle spielen, zum Beispiel: Wie tief das Verhältnis zum Verstorbenen gewesen ist, wie viel physische Kraft wir noch haben, wie viel Kraft uns auch durch die Beziehung mit anderen Menschen zuteil wird, ob wir im Glauben stehen und auch von daher Kraft erhalten.

Von diesen und auch von ganz anderen Faktoren (nennen lassen und auf der Tafel festhalten) hängt es ab, ob einer ein Jahr braucht, der andere drei Jahre oder ob mancher für den Rest seines Lebens nicht aus der Trauer herauskommt. Zu groß ist der Verlust für ihn, zu gering die verbliebene Kraft für die Trauerarbeit. So bleibt er oder sie immer ein Mensch mit einer offenen Wunde.

Bei diesem ersten Schritt unserer Überlegungen werden viele eigene Erfahrungen einfließen. Je mehr sich zu Worte melden, desto umfassender und damit objektiver wird unsere Antwort auf die gestellte Frage sein.

2. Schritt:

In einem zweiten Gedankenaustausch sollten wir darauf aufmerksam machen, dass unsere Gräber, unsere Pflege, besonders zum Totensonntag, unser Gedenken überhaupt darauf hinweisen, *dass die Toten für uns nicht tot sind*, sondern in unserer Erinnerung leben.

Dabei haben wir zu erkennen, dass das Weiterleben bei uns nur ein verkümmertes Weiterleben ist. Wir können unsere Toten nicht sehen. Wir können sie nicht hören. Wir können sie nicht berühren. Wir können ihnen nicht mehr im umfassenden Sinne begegnen. Wir begegnen ihnen nur noch in uns selbst.

Es ist die Liebe, die wenigstens das Letzte noch festhalten möchte, und das ist das Bild, das Wort, die Tat des Verstorbenen, es ist sein Bild, gewonnen aus verschiedenen Begegnungen.

Damit wird auch deutlich: Wir lieben verflossene Erfahrung. Das, was im Einst gewonnen wurde. Fragen wir hier ganz radikal, was wir da lieben. Eventuell auch uns selbst, weil wir uns nicht anders leben können?

Doch was da auch abläuft: Die Toten leben durch unsere Liebe. Sie hält den Geliebten fest, weit über seinen Tod hinaus, manchmal bis hin zu Gesprächen am Grabe, was doch, mit der Vernunft gesehen, Unsinn ist.

3. Schritt:

In einem dritten Gedankenschritt vergegenwärtigen wir uns, *dass indessen auch die Vernunft die Toten »leben« lassen möchte*. Das materialistische Denken weist darauf hin, dass die Welt aus einem Urstoff besteht, also auch der Mensch. Dieser Stoff kann nicht verloren gehen. Er kehrt immer wieder zu sich selbst zurück, beziehungsweise er wandelt sich.

So haben die griechischen Naturphilosophen gedacht, so haben die Denker der Stoa gedacht, so die neuen Materialisten. Wer dazu ein interessantes Beispiel haben möchte, der lese Ludwig Büchners Buch mit dem Titel *Kraft und Stoff*[61], in dem er in einem Gedicht andeutet, dass der Mensch wenigstens als Lehmklumpen in der Wand eines Hauses den Frost abzuwehren hilft.

Aber dieses Vernunftdenken tröstet nicht. Darum hat die Vernunft im idealistischen Denken eine andere Antwort gesucht. Im Idealismus ist alles Sein nicht vom Stoff abgeleitet, sondern von der Idee, von einem alles schaffenden Geist. Darum ist der Mensch letztlich ein Geistwesen. Was von diesem Geist in ihm ist, bleibt. Darum haben Fichte, Goethe, Wieland, Lessing und andere die Reinkarnation, die fortdauernde Wiederkehr zur notwendigen Veredelung des Menschen vertreten können.

Indessen: Auch diese Antwort tröstet nicht. Besonders von der Erfahrung her nicht, dass viele Menschen mit einem geistigen oder leiblichen Leiden geboren werden und gar keine Möglichkeit haben, eine weitergehende Vollkommenheit zu erreichen.

4. Schritt:

In einem vierten Gedankengang wäre nun auf *die Botschaft des Evangeliums von der Überwindung des Todes und damit auch von der Aufbewahrung unserer Toten in Gottes Hand* zu sprechen. Etwa anhand des Wortes »Gott ist kein Gott der Toten, sondern der Lebenden; denn für ihn sind alle lebendig« aus Lukas 20,38 oder anhand von 1. Thessalonicher 4,13-18.

Dabei wäre zu bedenken, dass wir nur dann getröstet werden, wenn es wirklich ein *gewisses* Bleiben (im Sinne von gewiss sein!) für uns Menschen gibt. Was die Liebe und auch die Vernunft *wünschen*, müsste *objektive Wahrheit* sein. Eine solche kann es für den vergehenden Menschen nur geben, wenn es eine außerhalb von ihm existierende Macht gibt, die seine Vergänglichkeit in Unvergänglichkeit, also in Bleiben verwandeln könnte. Das aber kann nur

Gott sein. Gott schließt in sich die Macht dazu ein. Und der Glaube traut ihm zu, dass er das auch will. Er ist ein Gott des Lebens. Hat er eine erste Schöpfung geschaffen, wird er auch eine zweite schaffen. Genau darauf hat kein Geringerer als Jesus selbst hingewiesen. Und da er nach dem Zeugnis des Neuen Testamentes durch den Tod hindurchgegangen ist, hat er angezeigt und angesagt, wohin die Reise für den Glaubenden geht (Johannes 14,1ff.).

Die Toten sind nach dem Evangelium nicht verloren, sondern in Gottes Hand. Wer bei Gott ist, lebt, auch wenn er stirbt oder gestorben ist. Die Frage, die hier aufkommt, ist: *Wie sind die Toten in Gottes Hand?* Hier können wir leicht ins spekulative Feld gelangen. Darum ist Vorsicht geboten. Wir können uns nur an das Wort Jesu halten, das er den Sadduzäern gesagt hat: *den Engeln ähnlich* (Lukas 20,36). Das heißt »totaliter aliter«, ganz anders, aber dennoch mit bleibender Identität, mit einem neuen Leib, in einem neuen Leben. Mehr sagen uns auch die Apostel nicht (etwa Paulus in 1. Korinther 15,35ff.). Mehr sollten auch wir nicht sagen, weil wir nicht mehr wissen. In diesem Punkte wollen wir uns überraschen lassen. Das Dass tröstet uns zutiefst Trostbedürftige ausreichend.

Von der durch den Glauben gelieferten prinzipiellen Antwort könnte nun noch die Vernunft zu Hilfe genommen werden mit dem Hinweis darauf, dass dieses Geschehen mit dem Menschen geradezu eine Notwendigkeit ist. Denn: Nur so könnte für Recht und Gerechtigkeit gesorgt werden, was bis jetzt bei uns nur Hoffnung ist. Nur so könnte offenbar werden, sichtbar für alle und damit wirklich offenbar, was kein Auge gesehen hat – dass Gott der Herr ist. Nur so würden wir, die Unvollendeten, zur Vollendung gelangen.

Zum Abschluss dieser Überlegungen könnte hier ein Osterlied gesungen werden, zum Beispiel »Auf, auf, mein Herz, mit Freuden«, EG 112.

Als Alternative zu diesen Überlegungen könnten meine Ausführungen im Anhang unter der Überschrift *»Die Suche nach dem letzten Sinngebenden«* geboten werden. Sie müssten für alle vorliegen und gemeinsam im zweiten Teil zunächst gelesen und dann besprochen oder während des Lesen zwischendurch besprochen werden.

Materialien und Literatur

Skizzen zur Bastelausführung auf S. 32f.:

1: Weihnachtsbaum-Schablone anfertigen

2: Mittels Schablone auf der vorderen Hälfte des geknickten Kartons Tannenbaum aufmalen, dann ausschneiden.

3: Stoff mit Weihnachtsmotiven auf eine Papierunterlage kleben. Achtung! Papierunterlage muss etwas größer als Stoffteil, darf aber nicht größer als Karte sein, da sonst alles über den Kartenrand schaut.

4: Stoff mit Weihnachtsmotiven mittels Papierunterlagen gegen die Innenseite des geknickten Kartons kleben.

Henry Smith Leiper berichtete über Dietrich Bonhoeffer

Zum Seniorentreff nach Sexagesimae (S. 49)

Wie groß war nun meine Überraschung und mein Schrecken, als ich von meinem Gast erfuhr, dass er gerade von seinen Freunden aus Deutschland einen dringenden Ruf erhalten hatte, sofort für wichtige Aufgaben zurückzukehren. Ich drängte nicht weiter in ihn, was für Aufgaben dies im Einzelnen wären. Es war nun völlig klar bei seiner Wesensart und Beherrschtheit, dass er spürte, er könne sich der Aufgabe nicht entziehen. Ich wusste auch sehr bald, dass er bereits seine Entschlüsse gefasst hatte, ebenso wie es vor fünf Jahren war, als er mit mir über einen anderen Ruf zur Rückkehr nach Deutschland sprach. Er verlor diesmal kein Wort darüber, ob er etwas von dem ahnte, was ihm bevorstand und welch schwerwiegende Folgen es für ihn haben könnte.

Wieder ging es hier um das konkrete Handeln. Es fiel kein Wort über die theologische Begründung, aus der heraus er diese Entscheidung gefällt hatte. Doch wie ich ihn kannte, gab es für mich nicht den geringsten Zweifel daran, dass schwerwiegende Gründe dafür vorlagen, wenn er »sein Antlitz wandte stracks (nicht) gen Jerusalem«, aber gen Berlin. Unser Abschied ging äußerlich nüchtern vonstatten, doch ich sah ihn mit gemischten Gefühlen gehen. Wieder empfand ich Bewunderung, wie es mir schon auf der Insel Fanö gegangen war, als er seinen Kampf gegen Bischof Heckel ankündigte. Er spürte genau, dass diese neuerliche Aufforderung zur Rückkehr ein Ruf Gottes war, so wie es die frühere nicht gewesen war. Auf diesen Ruf Gottes konnte es nur eine Antwort geben. Doch ebenso befiel mich die Furcht, welche Folgen diese wichtige Entscheidung für meinen Freund mit sich bringen würde. Wie ernst diese Folgen werden sollten, wissen wir heute nur zu gut.

(aus: Wolf-Dieter Zimmermann (Hrsg.), Begegnungen mit Dietrich Bonhoeffer (hier: Henry Smith Leiper) © Chr. Kaiser/Gütersloher Verlagshaus, Gütersloh)

Materialhilfe zum Seniorentreffvorschlag auf S. 92:

Pfingstflammen

Pfingstflammen sind etwas Seltsames. Sie brennen, aber du bemerkst keine Flammen. Du siehst sie nicht, weil sie im Herzen sind. Sie brennen, weil es schmerzvoll ist, einem Feind das »Du« anzubieten.

Pfingstflammen sind sehr zart, aber äußerst kraftvoll. Ein böser Blick kann sie auslöschen. – Aber sie haben die Macht, dem Stärksten aus der Klasse die Tränen in die Augen steigen zu lassen.

Pfingstflammen lehren, andere Menschen zu verstehen . . . Sie bewirken, dass Fremde zu Freunden werden und dass Spiele keine Grenzen kennen.

Pfingstflammen sind ansteckend. Und je mehr sie andere Menschen anstecken, umso heller leuchten sie. Am liebsten brennen sie in Gemeinschaft. Schon eine Berührung, ein einziges Wort kann sie übertragen.

Übrigens, Pfingstflammen gibt es natürlich nicht nur zu Pfingsten. Sie halten sich länger und brennen öfter, als man denkt. Vielleicht wird sogar gerade eine in dir entzündet.

Thomas Klocke
(aus: Mit Kindern durch das Jahr, Verlag J. Pfeiffer, München 1982; hier entnommen aus: Das große Hausbuch, herausgegeben von Johannes Thiele, Kreuz-Verlag, Stuttgart 1991, S. 143)

Erfahrung des jungen Augustin –
des späteren Kirchenvaters

beim Tode seines Freundes – geschildert in den *Confessiones*
III, 4,9; 6,11.

Zum Seniorentreff nach dem Vorletzten Sonntag des Kirchenjahres
S. 140

»Durch diesen Schmerz kam eine tiefe Finsternis über mein Herz,
und wo ich hinsah, war der Tod. Die heimatliche Stadt ward mir zur
Qual, das väterliche Haus zu einer sonderbaren Unglücksstätte,
und jedwedes Ding, das ich mit ihm gemeinsam besessen hatte,
wurde mir nun ohne ihn zu unendlicher Pein. Überall suchten meine Augen ihn und er wurde mir nicht gegeben; ich hasste alles, weil
es ihn nicht hatte und mir nicht mehr sagen konnte: Siehe, er
kommt, so wie es, als er noch lebte, war, wenn er einmal abwesend
war. Ich war mir selbst zu einer einzigen großen Frage, und forschte
ich in meiner Seele, warum sie traurig sei, warum sie mich so sehr
verwirre, so wusste sie mir nichts zu antworten. Und wenn ich zu ihr
sagte: Hoffe auf Gott, so gehorchte sie nicht und hatte Recht, weil
dieser Mensch, den sie als Teuerstes verloren hatte, besser war und
wahrer als das Trugbild, das ich ihr als Hoffnung gab. Nur noch das
Weinen war mir süß und nahm in meinen Herzensfreuden die Stelle
meines Freundes ein . . .

In mir war . . . eine Regung ganz entgegengesetzter Art lebendig
geworden, ich weiß nicht, was es war: Einem ganz schweren Le-
bensüberdruss stand Todesangst zur Seite. Ich glaube, je mehr ich
jenen geliebt hatte, umso mehr hasste ich und fürchtete ich den Tod,
der mir ihn geraubt, wie den grimmigsten Feind, und ich stellte mir
vor, er würde nun plötzlich alle Menschen verschlingen, weil er es
bei jenem gekonnt . . . Ich wunderte mich nämlich, dass die übrigen
Sterblichen lebten, wo er gestorben war, den ich so liebte, dass er
gleichsam nie hätte sterben dürfen, und noch mehr wunderte ich
mich, daß ich als sein anderes Ich seinen Tod überlebte. Wie richtig

hat einmal einer seinen Freund die Hälfte seiner Seele genannt (Horaz, Od. 1,3)! Denn ich habe meine und seine Seele als eine einzige in zwei Körpern empfunden (nach Ovid, Trict. IV, 4. 72), und deshalb schauderte mich vor dem Leben, weil ich nicht als Halber leben wollte, und deshalb fürchtete ich vielleicht zu sterben, weil er, den ich so sehr geliebt, dann ganz gestorben wäre.«

(nach Verena Kast, Trauern, Kreuz-Verlag, Stuttgart, 2. Aufl. 1982, S. 13 f.)

August Kunas

Die Suche nach dem letzten Sinngebenden

Zum Seniorentreff nach dem Letzten Sonntag des Kirchenjahres
S. 146

Wenn Menschen durch den Tod getrennt werden, stehen sie vor einer großen Aufgabe. Sie haben Trauerarbeit zu leisten. Diese kann abgelehnt werden mit allen sich daraus ergebenden Konsequenzen.

»Was soll ich denn hier alleine noch? Mein Leben hat doch keinen Sinn mehr«, sagte jemand, der in den Fünfzigern den Verlust des Ehepartners hinnehmen musste. Hieran zeigt sich, dass Trauerarbeit sehr eng mit der Sinnproblematik gekoppelt ist. Nur wo ein überzeugender Sinn für das Leben gesehen werden kann, wird man sich der schweren Aufgabe einer Trauerarbeit, die Leib, Seele und Geist beanspruchen wird, unterziehen.

Die Frage, die sich stellt, heißt: Gibt es etwas, was unserem Leben Sinn verleihen kann? Und zwar einen, der mehr ist als alles, was wir gemeinhin *das Leben* nennen? Was sich zusammensetzt aus Werten wie Familie, Heimat, Gesundheit, Arbeit, Gut und Geld usw., was aber leider bedeutungslos werden kann. Gibt es etwas, das über alles einen Bogen spannt und dadurch wertvoll macht?

Soll etwas tragenden Sinn geben, müssen bestimmte Bedingungen erfüllt werden:

1. Sinn geben kann nur etwas, was sinnvolles Bleiben ermöglicht

In dieser Formulierung liegen zwei Notwendigkeiten. Erstens: Das Sinngebende müsste dem vergehenden, aber sich nach Zukunft und damit nach Bleiben sehnenden Menschen Zukunft und also Bleiben ermöglichen.

Nur wenn es das gibt, ergibt sich Zusammenhang für unsere Lebensabschnitte, ja, für unser ganzes Leben, und nur vom Zusammenhang erkennen wir Sinn für unser Leben.

Das ist das eine, was ein Sinngebendes oder was ein Sinngeber geben muss. Aber auch das genügt noch nicht. Wenn schon Bleiben nötig ist, um Sinn zu erhalten, so muss auch das Bleiben oder die Zukunft des Menschen ein Sinnvolles sein. Nur dann kann es trösten und zufrieden stellen. Sinnvoll ist Bleiben nur dann, wenn es in ein Bleiben ohne Not und Tod geht. Von einem Sinngeber muss auch diese zweite Bedingung erfüllt werden.

2. Die Frage nach dem letzten Sinngebenden ist der Ruf des Menschen nach Gott

Alles Vergehende ruft nach einem letzten, nicht mehr hinterfragbaren Sinngeber. Da alles Irdische nicht Letztes sein kann, ist der Ruf nach dem letzten Sinngebenden oder nach dem Sinngeber der Ruf nach Gott. Er ist der ewig Bleibende. Er ist der nicht mehr Hinterfragbare. Er ist die Größe, von der sich alles ableitet, auch der letzte Lebensinn. Ohne ihn bleibt nicht nur der Tod, sondern der Mensch, ja, die ganze Menschheit ohne Sinnantwort.

Wie kommt es zu diesem Glauben, der sagen kann: »Ich bin gewiss, dass weder Tod noch Leben, weder Engel noch Fürstentümer noch Gewalten, weder Gegenwärtiges noch Zukünftiges, weder Hohes noch Tiefes noch keine andere Kreatur kann uns scheiden von der Liebe Gottes, die in Christus Jesus ist, unserem Herrn« (Römer 8,37-39)?

Die Antwort darauf kann der am besten geben, der dieses Wort vom Gewisssein der Liebe Gottes geschrieben hat: der Apostel Paulus, dem Christus begegnete und den er in die Nachfolge oder Lebensgemeinschaft mit ihm rief.

Zu diesem Glauben kommt es also durch den Anruf des Gesandten Gottes, Jesus Christus. Er ruft uns durch die Verkündigung seines Evangeliums. Das Evangelium lädt auch uns ein, ihm zu vertrauen und uns in eine Lebensgemeinschaft mit ihm zu begeben.

Ob ich die Einladung Jesu Christi annehme, das erkenne ich daran, dass ich mein Leben im Gebet ihm anvertraue und mit Gleichgesinnten, mit Schwestern und Brüdern oder – wem das zu geschwollen vorkommt – mit Freunden Christi zu leben beginne.

Fragt also aufgrund der Todeserfahrung jemand nach dem Sinn des ganzen Lebens, so ist er eingeladen, diesen Glauben an Gott zu wagen. Er ist eingeladen, mit Jesus Christus in Verbindung zu treten, was vor allem durchs Gebet geschieht. Im Glauben an ihn findet er zu Gott und gewinnt so Zukunft und die Hoffnung auf ein sinnvolles Bleiben. Bleiben zum Lobe Gottes für alle Ewigkeit. Und aus allem ergibt sich das Ja auch zum Leben im Angesicht des Todes und des Abschieds und also auch zur Trauerarbeit.

Literatur

Grundsätzliches:

[1] *Wilhelm Zauner/Helmut Erharter* (Hrsg.), Alter – Altern – Alten-pastoral, Verlag Herder, Wien 1973
Helga und Horst Reimann (Hrsg.), Das Alter, Soziale Probleme 1, Goldmann Verlag, München 1974
Jochen Schmauch, Handbuch kirchlicher Altenarbeit, Matthias-Grü-newald-Verlag, Mainz 1978
E. Kunze/W. Lehnig, Seniorenarbeit alternativ, Verlag Quelle & Mey-er, Heidelberg 1979
[2] E. Kunze/W. Lehnig, S. 13
[3] ebenda, S. 14
[4] ebenda, S. 19 ff.
[5] ebenda, S. 23 f.

Material für die Praxis:

[6] *Heinrich Giesen*, Sei fünf Minuten still, Blaukreuz-Verlag, 6. Auflage, Wuppertal 1994
derselbe, Auf ein Wort, Kreuz Verlag, Stuttgart 1960
Ole Hallesby, Unsere Kraft wächst aus der Stille, R. Brockhaus Verlag, Wuppertal, 6. Auflage 1996
Axel Kühner, Überlebensgeschichten für jeden Tag, Aussaat Verlag, Neukirchen-Vluyn, 7. Auflage 1996
derselbe, Eine gute Minute. 365 Impulse zum Leben, Verlagsgesell-schaft des Erziehungsvereins, Neukirchen-Vluyn, 3. Auflage 1995
derselbe, Hoffen wir das Beste! Ermutigungen für jeden Tag, Verlags-ges. d. Erz., Neukirchen-Vluyn 1997
Axel Kühner (Hrsg.), Gut und gerne. Überlebensgeschichten nicht für jeden Tag. Verlagsges. d. Erz., Neukirchen-Vluyn 1996
Malte Haupt, Die Freude ist der Doktorhut des Glaubens, Gedanken zu den Sonn- und Feiertagen des Kirchenjahres, R. Brockhaus Verlag, Wuppertal 1996
derselbe, Was wir heute feiern. Ursprung und Sinn der christlichen Feste, R. Brockhaus Verlag, Wuppertal 1994
derselbe, Lauter Liebe, Kreuz Verlag, Stuttgart 1968
Das gute Wort für heute. Leitworte des Alten Testaments, Hänssler-Verlag, Neuhausen 1992
Ulrich Heidenreich, Worte, die uns begleiten, Agentur des Rauhen Hauses, Hamburg 1998
Iris Frank, Das Senioren-Jahr, Don Bosco Verlag, München 1983

[7] Eine Spiele-Fundgrube ist *Magda Kelber* (Hrsg.), Schwalbacher Spielekartei, Matthias-Grünewald-Verlag, Mainz, 16. Auflage 1990
zu empfehlen auch *Elisabeth Heim*, Gesellschaftsspiele für Jung und Alt, Bärenreiter-Verlag, Kassel, 12. Auflage 1990
speziell für Senioren: *Ursula Stöhr*, Das Seniorenspielbuch, 3., korrigierte Auflage, Beltz Verlag, Weinheim und Basel 1996

[8] *Jörg Zink*, Diabücherei Christliche Kunst, Verlag am Eschbach, Eschbach/Markgräflerland 1982, Bd. 9, II, S. 17 ff.

[9] *Johannes Thiele* (Hrsg.), Das große Hausbuch, Kreuz Verlag, Stuttgart 1991, S. 41 f.

[10] ebenda, S. 42

[11] ebenda, S. 43

[12] Einen ersten Einblick vermitteln *James Bjornstad/Shildes Johnson* in: Horoskop Wassermann, Brunnen Verlag Gießen, 2. Auflage 1988
Verteilheft von *Friedrich-Wilhelm Haack*, Astrologie, Evangelischer Presseverband Bayern, München, 5. Auflage 1988

[13] *Evangelisches Kirchenlexikon*, Verlag Vandenhoeck & Ruprecht, Göttingen 1986

[14] *Wolf-Dieter Zimmermann* (Hrsg.), Begegnungen mit Dietrich Bonhoeffer, Chr. Kaiser Verlag, München 1964
Sabine Leibholz-Bonhoeffer, Vergangen – erlebt – überwunden, Gütersloher Verlagshaus, Gütersloh, 8. Auflage 1995

[15] *Jesus und seine Zeit*, erschienen bei Readers Digest, Stuttgart, Zürich/Wien, 1982, 3 Teile. Oder zum Beispiel der Film »*Jesus*« zu beziehen bei: Hänssler-Verlag, Postfach 1220, 73762 Neuhausen

[16] *dtv-Lexikon*, München 1976, Bd. 6, S. 67 f.

[17] *Evangelisches Kirchenlexikon*, Bd. 3, Sp. 1274 f.

[18] Informationsmaterial zu beziehen bei: Hephata-Reha-Werkstatt, Postfach 1307, 34613 Schwalmstadt

[19] Martin Geck, Johann Sebastian Bach, Rowohlt Monographien, Rowohlt Verlag, Reinbek 1997

[20] *Hans-Walter Wolff*, Jesaja 53 im Urchristentum, Evangelische Verlagsanstalt Berlin, 3. Auflage 1952, S. 28 ff.

[21] *Wolfgang Trillhaas*, Dogmatik, Verlag Töpelmann, Berlin, 2. Auflage 1967, S. 285-306

[22] *Karl Rahner*, Was heißt Auferstehung?, Verlag Herder, Freiburg 1985, S. 8-15. Leider vergriffen, im Buchhandel demnächst in Karl Rahners »Sämtlichen Werken« zu finden

[23] *Jürgen Moltmann*, Der gekreuzigte Gott, Chr. Kaiser/Gütersloher Verlagshaus, Gütersloh, 6. Auflage 1993

[24] Zu erhalten eventuell auch nach dem Lutherjahr 1996 bei: Kontaktbüro Luther-Jahr '96, Mittelstr. 14/15, 06108 Halle, oder bei der Deutschen Bibelgesellschaft, Postfach 810340, 70520 Stuttgart, »Bausteine und Materialien«

[25] *Wolfgang Georg Fischer/Fritz von der Schulenburg*, Die Mauer, Verlag Ernst& Sohn, Berlin 1990. Hier auch Bilder zum Thema »Mauerspechte« und »Loch in der Mauer«
Jonas Maron/Rainer Schedlinski, Innenansichten der DDR. Letzte Bilder, Rowohlt Verlag, Reinbek 1990
Jürgen Ritter/Peter Joachim Lapp, Die Grenze, ein deutsches Bauwerk, Chr. Links Verlag, Berlin 1997
Wo die Mauer war, mit Fotos von Harry Hampel und Texten von Thomas Friedrich, Nikolaische Verlagsbuchhandlung, Berlin, 2. Auflage 1997

[26] *Mit der Liebe Christi gegen die Not*, für den Unterricht herausgegeben in der Reihe »Diakonie, Briefe für den Unterricht«, Heft 1; zu beziehen bei: Verlagswerk der Diakonie GmbH, Diemershaldenstr. 48, 70184 Stuttgart

[27] EG 181,7, aber auch in anderen Liederbüchern

[28] Zu »Geh aus, mein Herz« siehe EG 503; zu »Die güldne Sonne« siehe EG 449, vor allem V. 12!

[29] *Evangelisches Kirchenlexikon*, 3. Auflage 1992, Bd. 3, Sp. 1162

[30] *Evangelisches Kirchenlexikon*, 3. Auflage 1992, Bd. 3, Sp. 1088-1097

[31] *Johannes Thiele* (Hrsg.), S. 143

[32] Rechte bei der Autorin

[33] Siehe dazu Religion in Geschichte und Gegenwart, Tübingen, 2. Auflage 1927, Bd 1, Sp. 2017-2021

[34] *Synode der Ev. Kirche in Deutschland* (Hrsg.), Das Leben im Angebot, das Angebot des Lebens, Gütersloher Verlagshaus, Gütersloh 1994, S. 13 f.
Weiteres Material dazu bei *Wolfhart Pannenberg*, Das Glaubensbekenntnis, Gütersloher Verlagshaus, Gütersloh, 6., überarbeitete Auflage 1995.
Ebenfalls bei *Helmut Thielicke*, Was das Wort »Glauben« bedeutet, in: Und wenn Gott doch wäre . . ., Quell Verlag, Stuttgart 1980, S. 87-101

[35] Ich empfehle zum Thema »Schöpfer/Schöpfung« das Sachbuch von *Erich Hitzbleck*, »Architektur der Schöpfung«, R. Brockhaus Verlag, Wuppertal 1970, besonders die Seiten 131 ff., wo es um die Schöpfung als Gottesoffenbarung geht (leider vergriffen)
Stephen W. Hawking, Die Suche nach der Urkraft des Universums, Rowohlt Verlag, Reinbek 1994

[36] Weitere Anregungen zu diesem Gedanken wieder in: *Leben im Angebot, das Angebot des Lebens*, S. 14-18, siehe Anm. 29; wie auch *Wolfhart Pannenberg*, S. 35-51

[37] *Franz Alt*, Jesus – der erste neue Mann, Piper Verlag, München/Zürich, 10. Auflage 1992

[38] *Heinz Zahrnt*, Gotteswende, Piper Verlag, München/Zürich 1989, S. 145

39 ebenda

40 *Hans Wulf,* Pfarrer – wie lange noch?, Neukirchener Verlag, Neukirchen-Vluyn 1971

Karl-Wilhelm Dahm, Beruf Pfarrer, Claudius Verlag, München, 2. Auflage 1972

41 *Hubertus Halbfaß,* Religionsunterricht in Sekundarschulen, Lehrerhandbuch 5, Patmos Verlag, Düsseldorf 1992, S. 475 ff.

Für die Arbeit mit der Gruppe empfiehlt sich vom selben Verfasser im selben Verlag: Religionsbuch für das 5./6. Schuljahr, 1989

Hier ist auch die Unterrichtseinheit »Von der Hauskirche zur Basilika«, S. 98-104, zu finden

Als illustrierendes Begleitbuch empfiehlt sich: *Paul und Tessa Clowney,* Kirchen entdecken. Bildführer durch 2000 Jahre Kirchenbau, R. Brockhaus, Wuppertal 1985

42 Edo Osterloh, Engel, in: Biblisch-theologisches Handwörterbuch, hrsg. v. *Edo Osterloh und Hans Engelland,* Verlag Vandenhoeck & Ruprecht, Göttingen 1959, S. 110 f.

43 *Wolfgang Trillhaas,* S. 144-152. Ansonsten bietet fast jede Buchhandlung Literatur zum Thema. Aus dem Amerikanischen sei auf die Berichte verwiesen, die *Rex Hauck* unter dem Titel »Engel – die unsichtbaren Boten« bei dtv, München 1995, herausgegeben hat. Sehr zu empfehlen ist: *Walter Nigg/Karl Gröning* (Hrsg.) «Bleibt ihr Engel, bleibt bei mir«, Propyläen Verlag, Berlin 1996

Außerdem: *Malte Haupt,* Das Lächeln des Engels. Von Boten Gottes und anderen Gestalten der Bibel, R. Brockhaus Verlag, Wuppertal 1995

Weiter die Mappe: *Engel, Weihnachtswerkstatt 1996,* Ev. Bildungswerk Berlin, Goethestr. 26-30, 10625 Berlin, Fax 030/3191300; Tel. 030/3191-0

Weiter die Diamaterialien der christlichen Medienzentralen, z. B.: *Begegnungen mit Engeln,* meditative Bilder und Texte, Evangelisches Forum Berlin, Jebenstr. 3, 10623 Berlin, Tel. 030/3128096; *»Manchmal sind Engel zu erkennen«.* Engelbetrachtungen in zeitgenössischer Malerei, Tonbildreihe (40 Dias, Tonkassette 21 Min.), Ev. Medienzentrale in der Berliner AG für kirchliche Publizistik, Goethestr. 26-30, 10625 Berlin, Tel. 030/3191215

44 *Rex Hauck,* S. 13-15

45 Empfehlung: Man besorge wenigstens 1 Exemplar, wenn möglich 2 oder 3 Exemplare von »Bleibt ihr Engel, bleibt bei mir« durch Kauf oder aus Bibliotheken.

In kleineren Gruppen kann man so Zugang zu den guten Bildmaterialien und zu den sie begleitenden Texten bekommen

46 Man lasse sich im Buchhandel etwas empfehlen. Gut, aber leider vergriffen ist: *Klaus Arndt,* Martin Luther, Gütersloher Verlagshaus, Gütersloh 1995

[47] Luther-Gedenken '96, hrsg. v. Deutsche Bibelgesellschaft, Postfach 81 03 40, 70520 Stuttgart, Tel. 0711-7181-0, Fax 0711-7181-250; Vertrieb: siehe Anm. 24

[48] Luther-Gedenken '96, D 2

[49] ebenda

[50] Luther-Gedenken '96, D 3, siehe Anm. 41

[51] ebenda

[52] ebenda, D 3

[53] ebenda, D 4

[54] ebenda

[55] ebenda, D 2 f.

[56] ebenda, D 3

[57] ebenda, D 4

[58] *Harald Steffahn*, Albert Schweitzer, Rowohlt Monographien, Rowohlt Verlag, Reinbek, 11. Auflage 1994, S. 70

[59] Hrsg. vom Albert-Schweitzer-Zentrum, Neue Schlesinger Gasse 22–24, 60311 Frankfurt/a.M.

[60] Siehe Anm. 59

[61] *Ludwig Büchner*, Kraft und Stoff, Leipzig 1884

Von August Kunas ist bereits erschienen: Das Reich Gottes ist gleich einem Senfkorn. Gemeindeaufbau konkret – Ein Erfahrungsbericht, Brunnen Verlag Gießen, Reihe Theologie und Dienst, 1996

Der Gruß, der von Herzen kommt

Die großzügig und durchgehend mit Farbfotos gestalteten Hefte dieser Reihe sind wie ein persönlicher Besuch, den die Autorin bei jedem Leser macht. Durch die gelungene Komposition von Text und Bild sind diese Verteilschriften ein geschmackvolles Geschenk zu den häufigsten Anlässen. Eine Besonderheit dieser Reihe sind die Karten, die durch eine Perforation von der 4. Umschlagseite abgetrennt und als bleibende Erinnerung aufgestellt werden können.

je 16 Seiten,
Format 14,8 x 21 cm,
geheftet, mit 16 Farbfotos

Segenswünsche
für Tage der Trauer

Best.-Nr. 221.716

Segenswünsche
für Krankheitstage

Best.-Nr. 221.714

Segenswünsche
zum Geburtstag

Best.-Nr. 221.715

Segenswünsche
zur Weihnachtszeit

Best.-Nr. 221.717

R. BROCKHAUS VERLAG WUPPERTAL